公司治理与国企改革研究丛书

主编 高明华

上市公司财务报告欺诈与公司治理

Fraudulent Financial Reporting and Corporate Governance in China's Listed Companies

杨丹 著

中国出版集团 東方出版中心

教育部人文社会科学研究青年基金项目(14YJC790149)阶段性成果
中央高校基本科研业务费专项项目(SKZZX2013036)阶段性成果
国家社科基金重点项目(12AZD059)阶段性成果

作者简介

杨丹，1983 年生，博士，中国注册会计师。英国阿伯丁大学会计学博士，曾任欧洲 ESSEC 商学院研究员，现为北京师范大学经济与工商管理学院会计系助理教授。曾主持和参与各类研究课题 10 余项，其中，独立主持教育部人文社会科学研究青年基金项目，作为子课题负责人主持国家社科基金重点项目、英国 SPF 研究项目、欧盟玛丽居里项目。合作出版著作 2 部，发表论文和研究报告 10 余篇。相关研究成果发表于美国会计协会（AAA，American Accounting Association）年会、国际会计研究亚太会议（Asian-Pacific Conference on International Accounting Issues）等国外知名国际会议，以及《会计研究》、《经济社会体制比较》等国内知名学术期刊。主要研究方向：会计信息质量、公司治理、国际财务报告准则（IFRS，International Financial Reporting Standards）等。

总序

两年多前，我在自己的办公室接待了中国出版集团东方出版中心副总编辑祝新刚先生以及财经编辑部主任鲁培康先生。他们从上海赶来北京向我约稿，并向我介绍了中国出版集团努力发挥国家队的使命担当，围绕中心、服务大局，建设财经产品线的战略规划。近年来，由于国企改革渐成热点，公司治理广受关注，所以他们希望我发挥自己的学术专长和资源优势，为他们组织和主编一套丛书。我听了他们的想法和思路很受触动，所以一拍即合，当即就接受了他们的约稿。

20世纪90年代初，我开始致力于企业理论与公司治理问题的研究。多年来有关公司治理理论和实践的探索和研究，使我深刻体会到中国公司治理行政化的积弊根深蒂固。2014年，在国务院国资委职业经理人研究中心举办的“经理人大讲堂”上，我做了题为“公司治理与国企发展混合所有制”的演讲，演讲结束后，国务院国资委一位官员说，中国企业家需要进行公司治理ABC的普及工作。他说的没有错，也曾有多次，我给企业家做报告，企业家反馈的信息是：公司治理原来是这个样子，我们原来的理解很多都错了。可见，公司治理在中国确有普及之必要，更有研究之急需。

公司治理的本质属性是契约，它要求企业必须尊重每个利益主体的法律地位和独立人格，要在充分尊重每个利益主体意见的基础上提出企业发展的战略决策，同时要使企业的每个行为主体都能够为自己的行为独立承担责任，这是契约之应有之义。然而，现实中很多中国企业，拥有话语权的只是少数特权者，而且还不用为自己的行为承担独立责任。权力和责任的不对称是中国企业公司治理的通病，也是中国畸形政商关系形成的土壤。

有鉴于此，自2007年开始，我做了三件事情，试图为促进中国公司治理的规范化发展尽自己的绵薄之力：一是从高管薪酬、信息披露、财务治理、董事会治理、企业家能力、中小投资者权益保护等六个方面，研制中国公司治理分类指数。目前已出版六类14部指数报告，从而全方位、多角度地阐述了中国公司治理的现状，以图找出中国公司治理的病症所在；二是主编“治理译丛”。这套译丛出版了四本(原计划五本)，均是国外著名出版社的最新公司治理著作，所选书目以学术著作为主，兼及实务性著作。我们力求通过这套译丛的出版，为中国企业的公司治理规范化提供资料和借鉴；三是出版《公司治理学》，试图能够为大学开设公司治理课程提供支持。目前，开设公司治理课程的大学越来越多，这表明，中国公司治理规范化的教材得到了越来越多高校认同。

我现在所做的是第四件事，也是以上工作的延续和深化，这就是策划和出版这套“公司治理与国企改革研究丛书”。这是我多年来的一个夙愿，希望通过出版这套丛书，把中国学者(尤其是青年学者)最前沿的公司治理和国企改革研究成果奉献给社会，一方面扶持公司治理研究中的青年才俊；另一方面则是把脉中国国企改革中的公司治理“病症”，以利于探索和建立有中国特色的公司治理模式，因为这些研究成果均是以中国公司治理，特别是以国有企业的公司治理为研究对象的。

中国公司治理的不规范，尤其是政府介入公司治理的错位，导致中国滋生畸形的政商关系，而这种畸形的政商关系又是官商勾结和腐败的温床。改革开放以来，这种官商勾结已经达到触目惊心的程度。为什么存在如此严重的官商勾结？一个明显的且公认的原因是政府权力过大，且不受法律约束，造成公权可以随意介入和侵害私权，导致创租和寻租盛行，进而导致腐败。显然，杜绝官商勾结和腐败，必须从依法治企、压缩公权入手，而依法治企的实质是强化公司治理。

2013年11月，党的十八届三中全会通过的《中共中央关于全面深化改革若干重大问题的决定》明确提出，要“健全协调运转、有效制衡的公司法人治理结构。建立职业经理人制度，更好发挥企业家作用……建立长效激励约束机制”,由此开启了中国企业尤其是国有企业公司治理制度改革和机制创新的新局面。2014年10月,党的十八届四中全会通过的《中共中央关于全面推进依法治国若干重大问题的决定》提出“依法治国”的执政治国方针,从企业层面讲,这意味着企业改革和发展必须着眼于“依法治企”,而“依法治企”的本质就是公司治理的制度化(尤其是法治化)和规范化。2015年9月,中共中央、国务院发布《关于国有企业深化改革的指导意见》以及国务院《关于国有企业发展混合所有制的意见》,进一步强调,要“依法治企,健全公司法人治理结构。切实保护混合所有制企业各类出资人的产权权益”。无疑,国家已经把公司治理的规范化提到了国企改革的战略层面上。

本丛书即将付梓之时,正值党的十八届五中全会闭幕。五中全会报告再次强调:“发展是党执政兴国的第一要务”,而且必须“运用法治思维和法治方式推动发展”。可以说,党的十八大及十八届三中、四中、五中全会,为我国国企改革的不断推进和公司治理的深入发展奠定了理论基础。就此机会,着眼当前的国企改革与公司治理现状,我谈几个具体问题。

一、政府直接介入导致公司治理行政化

公司治理是通过建立一套制度安排(尤其是法律制度安排)或制衡机制,以契约方式来解决若干在公司中有重大利益关系的主体之间的关系,其实质是各利益相关者之间的权利安排和利益分配问题。换言之,公司治理是制度范畴,尤其是法律范畴,从这个角度,政府公权力(行政权力)是不能介入公司治理的。但是,政府作为制度尤其是法律的制定者,又是可以介入公司治理的。此时,政府是作为财产保护者而存在的,即政府要为企业发展提供规范、秩序和公平,其相应的收益是税收。对于国有企业,政府还作为国有财产所有者的代表而介入公司治理。此时,政府是作为投资者(国有股东)而存在,它要通过监督(法律监督和经济监督)获取最大化投资收益。但是,不管政府是作为法律的制定者,还是作为国有企业财产的所

有者(代表),政府的行为都限定在公司治理制度的框架内,而不是以自己掌握的行政权力介入。

然而,政府介入公司治理的方式却经常错位。现实中经常发生这样的情况,一方面,如果政府是股东,尤其是大股东的情况下(国有控股企业),则政府不仅派出代理人,而且必须让自己的代理人担任董事长,还可以越过董事会直接派人担任公司的总经理、副总经理、总经济师等高管人员。无疑,这是政府行政权力介入公司治理。当然,对于派出的高管人员,可能通过了董事会,但其实通过董事会仅仅是走形式,实质上董事会是被架空的。在很多情况下,尤其是在中央企业和地方重点国有企业中,政府派出的高管人员很多都具有行政级别,最高行政级别可达副部甚至正部级别。在政府公开招聘的国有企业高管中,即使没有赋予其行政级别,他们的行政色彩也是客观存在的。从国务院国资委多次全球公开招聘副总经理等高管情况看,由于招聘企业中并非只有国有独资企业,还有股份有限公司和有限责任公司,这类企业的高管聘用,按照公司法,无疑只能由董事会负责独立选聘,国家作为非单一股东,是无权单独招聘的。在政府直接任命或聘用的情况下,高管出现问题的概率不仅高,而且将无人对此负责。像中石化的陈同海、中石油的蒋洁敏、中国一汽的徐建一、东风汽车公司的朱福寿等,由于聘任他们的主体实际上是国资委或上级组织部门,而不仅仅是走形式的董事会,因此董事会是不可能对此负责的,而任命他们的国资委或上级组织部门由于是一个个集体组织,也无人对此负责,集体负责等于无人负责。

另一方面,如果政府不是股东,则政府通过设租,让公司治理服从于自己的意志,而企业(主要是民营企业)也乐于(或者无奈)通过寻租,寻求政府的支持,这使企业发展会因政府政策或领导人的变化而起伏,甚至走向不归路,同时也加大了投资者的投资风险。在民营企业中,寻求具有政府背景的人员担任公司高管具有相当的普遍性,这反映了中国企业与政府难以割舍的关系,聘请人大代表、政协委员,或聘请离退休的前任政府官员进入企业,是很多民营企业的追求。例如,在2013年度上市公司中,有31.84%的企业曾有政府官员到访(企业对此视为荣耀而大力宣传),有

12.08%的CEO曾在政府部门任职，有9.77%的CEO为各级人大代表，有6.93%的CEO为各级政协委员。如果统计的对象是董事长，则曾在政府任职、担任人大代表和政协委员的比例将会更高。另外，同一企业还经常有多位政府背景的高管。如"七匹狼"，其高管中有政府背景的比例高达40%。

二、公司治理行政化导致畸形政商关系

公司治理行政化，是对法律的背离。公司治理的核心问题是股东大会、董事会和经理班子（执行层）的关系。三者是什么关系？对此各国公司法都有明确的规定，且所有国家的公司法在这方面几乎没有什么差别。公司法的规定是：股东大会选举产生董事会，董事会选聘总经理（CEO）。很显然，股东（大会）、董事会和经理班子相互之间不是一个纵向的等级关系（只有在经理班子领导的生产和经营系统，才是一个纵向的行政管理系统），而是一组授权关系。每一方的权力和责任都受到法规的保护和约束，也就是说各方都有相对独立的权力运用空间和对应的责任，任何一方都不能越过边界、违反程序、滥用权力。如果股东大会和董事会被"架空"或"虚置"，则会出现股东对董事会，以及董事会对总经理监督上的"真空"。

仅就董事会和总经理的关系来说，他们代表的是不同的主体。董事会（包括董事长）作为股东的代理人，代表的是股东利益（现在已演变为以股东为核心的众多利益相关者的代表，独立董事作为"中立者"，就是代表这些不同的利益相关者的利益的）；而总经理作为从市场上选聘来的职业经理人，代表的是个人利益，他通过与董事会的契约关系获得授权。董事会是会议体制，董事会成员代表不同的利益主体，在董事会中，每个成员是平等的，没有身份高低之分，他们通过契约联系在一起，董事会的决策通过讨价还价而形成，包括董事长在内的任何人都没有凌驾于其他人之上的权力，所不同的只是投票权多少的不同（其实在美英习惯法系发达国家里，由于公司董事会的构成发生了很大变化，绝大部分都是独立董事，这种投票

权的差异正在大大缩小)，而董事长则不过是董事会的召集人，并没有高于他人的权力。基于董事会和总经理的这种差异，为了保证公司决策的科学性和高效性，并形成相互制衡的机制，董事长与总经理两个职务应该是分开的。

当然，在公司实际运作中，董事长和总经理是否分开可视具体情况而定，一般情况下取决于公司的规模，以及资本市场(尤其是控制权市场)和职业经理人的发育程度。当公司规模较小时，两职合一可以提高决策效率。当资本市场和职业经理人发育成熟时，来自这两个市场的强大的约束力量足以让同时担任董事长职务的总经理实现自我约束。但是，即使两职是合一的，在行使职权时也必须明确当时所处的角色，这样可以保证董事会和经理层两个权力主体的协调和相互制衡。当公司规模较大时，董事长和总经理则必须分开，因为此时二者代表的是更大的群体，二者合一会加大彼此的冲突。当资本市场和职业经理人发育不成熟时，由于来自这两个市场对经理人的约束力量偏弱，同时担任董事长的总经理的权力就会被放大，或者说，总经理侵害股东等利益相关者利益的可能性就会加大。因此，此时两个职务也必须分开。总之，无论董事长与总经理的职位是否分开，董事长与总经理的职权都要分开，应各负其责。董事长和总经理不相互兼任的原则，体现着公司的权责明确以及公司决策的科学性和效率性。

那么，公司治理是如何演化为行政治理的？这与对公司治理的错误认识有关，恐怕还存在着故意认知错误。行政治理实际上是沿用政府权力机构的“一把手”观念来治理公司，“一把手”被视作公司治理的核心，而董事长经常被作为“一把手”的不二人选，总经理则是董事长属下的“二把手”，甚至干脆由董事长直接兼任总经理，即使不兼任，总经理的目标也是“升任”董事长。这种“一把手”观念使得规范的公司治理变得扭曲，甚至成为董事长和总经理之间矛盾的根源。本来，独立董事是可以在一定程度上化解这种矛盾的，然而，由于独立董事缺乏资本市场的支撑，在客观上和主观上都难以做到独立。加之独立董事人数太少，公司设立独立董事只满足于证监会的1/3的要求(2014年，全部上市公司独立董事比例平均只有36.79%)，这更进一步加剧了独立董事的非独立性。加之，在国有企业(包括国有控股企业)中,董事长这个"一把手"又是政府任命的,因此,公司治理的行政化也就在所难免了。即使是在民营企业中,董事长"一人独大"也同样充斥着行政色彩,尽管这种行政色彩和政府的行政权力介入有一定的区别,但在"权力"行使上并没有根本性区别,公司治理本应具有的契约属性基本上不复存在。

近些年接连发生的公司腐败(如窝案)以及其中的官商勾结,在很大程度上其实就是董事会(董事长)和经理层(总经理)两个角色混同,以及企业负责人任免掌握在政府手中或与政府官员有瓜葛的必然结果,是畸形政商关系的具体表现。在这种畸形的关系中,本来的监督和授权关系变成了利益共同体关系。从这些腐败案中,我们不难发现,或者总经理和董事长合二为一,权力过大;或者在董事会中,经理层占据多数席位,而董事长也自认为是职业经理人。在这种情况下,董事长显然就不再是股东的代理人,而是演变为典型的追求自身利益的经理人。对政府,他们寻求租金;对投资者,他们制造信息不对称,侵害股东利益。尽管国企高管被政府作为"干部"来管理和监督,但由于信息不对称,内部人控制和企业资产流失仍普遍存在。

三、消除公司治理行政化,强化公司治理规范化

如何减少畸形的政商关系导致的官商勾结和高管腐败?高管腐败曝光后,人们往往归因于高管的贪婪和无耻。无疑,高管的贪婪是官商勾结和腐败的推动力。但事实上,个体的贪婪不是官商勾结和腐败的根本原因,真正引起官商勾结和腐败的原因是公司治理制度的缺陷,更进一步说,就是公司治理的官僚化或行政化。个体的贪婪只是经济人的本性,在面对丰厚利益时,贪婪永远是理性经济人的最优选择。真正使这些经济人偏离正轨、铤而走险的,是人们对预期非法利益与惩戒风险的权衡,而这种权衡最终取决于公司治理制度的完善与否。因此,要从根本上杜绝官商勾结和

腐败，最关键的是要完善公司治理制度，首先需要分清何者是治理主体，何者是治理客体。股东大会和董事会毫无疑问是治理主体，经理层则是治理客体，二者绝不能混同。其次要提高官商勾结和腐败行为被发现的概率，加大对官商勾结和腐败的惩罚力度，而这一点又是以治理主体和治理客体的区分作为前提的。

在市场化的企业中，对企业负责人的基本监督体制是法律监督和市场监督。法律监督的核心是强化公司治理，实现依法治企；市场监督的核心是健全市场体系，促进自我约束，而市场监督也是建立在法律基础上的。

以国企发展混合所有制为例。国企负责人可以分为政府董事（外部非独立董事）、独立董事、高管董事和非董事的高管。他们的来源不同，监督机制应有所不同。由于政府董事、独立董事、高管董事都是董事会成员，因此均应接受股东的监督和市场约束；对于高管董事和非董事的高管，则必须接受董事会的监督和市场约束。从规范的公司治理角度，必须强化以下制度和机制建设：

第一，要调动所有股东监督的积极性，以形成监督合力，防止大股东侵害和政府公权力介入。对此，一是实现股东权利平等，国有股东不应享有特权，对中小股东应该实行累积投票制，以保证他们参与公司决策的权利。二是大幅度降低股东行权成本，提高中小股东参与公司治理的动力。三是出台集体诉讼和索赔方面的法律，切实保护股东利益。四是实行股东满意度调查制度（类似于民调），如果董事会支持率低于80%，则应启动董事会解体程序。五是在公司控股形态上，尽可能采用国有相对控股，最终股权形态是竞争的结果。六是股东对董事要采取不同监督体制。对于政府董事，由于政府股东是代表公众的，同时考虑到公司经营的独立性，政府董事应设置为外部非执行董事（外部非独立董事），并借鉴公务员监督方式对政府董事进行监督；对于独立董事和高管董事，要通过对这些董事的市场（经理人市场）选择，以及满意度和惩罚等机制来实施强约束。

第二，要强化董事会对经营者的监督，并健全董事自我约束机制。对此，必须把董事会和经营层的职能区分开来，这有利于避免国有股东和政府干预企业经营问题。董事会中必须有较多独立董事，应不少于50%，否则独立董事难以发挥作用。独立董事必须是高度专业化的，而高度专业化的独立董事又来自高度职业化的经理人市场。要根据公司法，实行董事会独立选聘总经理(CEO)机制，并通过董事会备忘录制度使每个董事承担选错总经理的责任。

第三，应在厘清董事会职能的前提下，高度重视企业家的独立性和能动性，并建立企业家自我约束机制。高管董事和其他高管应来自经理人市场，应明确企业的企业家不应是董事长，而是总经理。董事会(包括董事长)负责监督，但监督不是干预，要充分发挥总经理的能动性，为此必须给予其独立性，包括赋予独立权力和独立承担责任，以实现企业家的自我约束。市场化选择是高能力企业家(总经理)产生的重要机制。高能力企业家有两个要素：一是能力，二是忠诚。这样的企业家是在激烈的市场竞争中涌现出来的，靠政府的"独具慧眼"是选不出来的，也是不合法的。必须建立职业化的经理人市场，市场的惩戒机制能够对现任经理人产生强激励和强约束，从而造就和涌现更多的高能力企业家。市场选聘的总经理不再具有行政级别，成功的民营企业家也可以做国有控股的混合所有制企业的总经理。要以贡献(企业价值或股东回报)来对企业家进行考核，市场选择和淘汰是重要的考核机制。

第四，要"分层"确定负责人激励方式，以实现国企负责人的自我约束。对于政府董事(外部非独立董事)，应实行"公务员基准＋贡献＋行政级别"的激励机制，薪酬待遇可以略高于同级公务员的薪酬待遇；对于独立董事，应采用国际通行做法，即车马费加少部分津贴，应通过经理人市场，建立独立董事声誉机制，强调薪酬机制是不利于独立董事的独立的。对于高管董事和非董事的高管，应实行市场化薪酬，但前提是由董事会独立从经理人市场选聘。在经理人市场上，高能力的企业家应有高价格，这是建立企业家自我约束机制的重要方面。

第五，严格信息公开。充分的信息披露对于防止代理人的违规行为(如内部人控制、国资和民资流失、内幕交易等)，以及形成企业家的均衡价格，都具有重要意义。因此，应确保及时准确地披露公司所有重要事务的信息，包括财务状况、绩效、所有权结构和公司治理。不能只满足强制性信息披露，更要高度重视自愿性信息披露，这在中国尤为重要，根据笔者在《中国上市公司自愿性信息披露指数报告2014》中提供的数据，中国的自愿性信息披露对于投资者理性投资的需求具有很高的信息含量。

总之，要依法治企，消除公司治理行政化，实现公司治理规范化，建立企业各行为主体的外部监督与自我约束有机契合的机制，要使每个行为主体能够对自己的行为独立承担责任，这是防止官商勾结和腐败的重要制度保障。

最后，非常感谢东方出版中心的鼎力支持，感谢祝新刚先生和鲁培康先生，他们是这套丛书的积极推动者。希望在中国出版集团以及东方出版中心的支持下，使这套丛书能够延续下去，成为公司治理和国企改革研究的品牌产品。

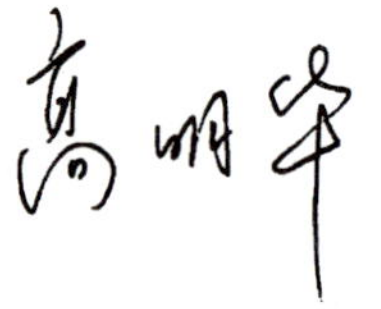

2015年10月29日

目 录

前言

财务报告欺诈不仅是上市公司自身运营和资产市场发展的“阻滞剂”，更是存在巨大危害的“破坏器”。财务报告欺诈使公司的财务报表变得不可信，降低了会计信息的决策有用性，并可能使上市公司陷入信任危机。在2009年欧洲财务欺诈调查报告中，安永会计师事务所欺诈调查与争端服务(Ernst & Young's Fraud Investigation & Dispute Services)总负责人大卫·斯达尔布(David L. Stulb)曾指出，资本市场上越来越多的财务报告欺诈，需引起市场和社会公众的重视。

21世纪以来，爆发于西方成熟资本市场的财务报告欺诈案例，如美国的Enron(安然公司)、WorldCom(世界通讯公司)和Tyco(泰科国际有限公司)，意大利的Parmalat(帕玛拉特)，荷兰的Ahold(阿霍德集团)等，给上市公司和利益相关方造成了巨大损失。许多曾受尊敬的商业人士，瞬间变为阶下囚，面临来自司法的制裁。安然公司的坍塌，使成千上万的投资者、债权人和员工一夜间损失惨重，数额高达700亿美元，同时世界知名审计机构安达信会计师事务所也从此彻底离开了审计行业。卡顿(Cotton，2002)指出美国世界通讯公司、泰科国际有限公司、安然公司、Global Crossing(环球电讯公司)和Qwest(奎斯特通讯公司)的欺诈行为，共给美国资本市场造成约4 600亿美元的损失。汉考克斯(Hancox，2007)也指出美国商业界在2006年，由于财务欺诈损失约6 520亿美元：平均来看，每家公司5%的收入损失于欺诈。意大利公司帕玛拉特，作为曾经欧洲商业界最大的成功案例，因其财务欺诈行为使曾拥有价值18亿欧元的股东们损失殆尽；荷兰阿霍德集团，资本市场曾经价值高达306亿欧元，也因其财务欺诈行为使股东们损失了自1989年以来的全部投资。

与美国和欧洲资本市场相比，中国资本市场虽然建立和发展的时间较短，但上市公司财务报告欺诈行为却也较严重。据中国证券监督管理委员会披露，仅从1992年建立到2005年，已有45家上市公司被发现存在财务欺诈行为，其中不包括那些存在财务欺诈但尚未被发现的公司。一系列由“蓝筹股”公司引发的财务报告欺诈，如银广夏、蓝田股份等，给中国资本市场造成了巨大的信任危机。

本书落脚于中国上市公司的财务报告欺诈行为，目的并不是列示上市公司从事欺诈活动有多普遍，而是考察公司治理机制如何影响财务报告欺诈的发生，从而为未来抑制欺诈活动提供支持性证据。资本市场的有效运作取决于市场上参与者的信心，而财务报告欺诈会极大影响市场参与者对上市公司的信心。近些年，公司治理被广泛认可其在保证会计信息透明度、相关性以及决策有用性方面的职责，然而公司治理在实际运作中多大程度能识别和防范财务报告欺诈行为，尚需要实证检验。中国公司治理结构与西方国家公司治理结构存在明显差异，其既不同于英美系以董事会为核心的治理结构，又不同于欧洲大陆系以董事会和监事会共同为核心的治理结构。因此，基于西方公司进行研究得到的结果，并不适用于中国公司。本研究具体目标为：通过如下两个方面，对财务报告欺诈与公司治理之间的关系有深入的认识，并对中国公司治理多大程度能识别和防范财务报告欺诈行为进行实证检验。

首先，构建财务报告欺诈与公司治理之间关系的理论框架；

其次，实证检验中国公司治理各个参与方(包括股东大会、董事会、监事会、高层管理者、外部审计师和监管机构)如何影响财务报告欺诈发生的可能性。

本书第1章试图对财务报告欺诈问题有一个全面的介绍，从财务报告欺诈相关概念和理论研究入手，先明确财务报告欺诈的概念及其与盈余管理之间的关系，在回顾与财务报告欺诈相关的经典理论之后，分析现有研究中财务报告欺诈的构成要素；随后，整理现有研究中财务报告欺诈公司的典型特征和审计领域财务报告欺诈公司的“红旗标志”；最后，探讨财务报告欺诈与公司治理的关系在近些年逐渐引起关注，以及财务报告欺诈的外部监督与规制机构的设立。

第2章构建财务报告欺诈与公司治理之间关系的理论框架，认为欺诈行为人特征、会计信息特征和公司治理结构三方面共同导致了财务欺诈行为，而这三方面中仅公司治理结构在预防和控制欺诈行为中是可控制的因素，以此来解释公司治理对于防范财务欺诈的重要作用。

第3章为后续公司治理各个参与方与财务报告欺诈之间的实证分析进行研究设计，明确具体使用的研究方法、确定详细的研究变量，并探讨研究样本选择和数据来源。

第4章对所选择的财务报告欺诈公司进行特征描述，包括对时间性特征、行业特征、欺诈手段、欺诈金额、欺诈行为人特征以及欺诈影响的描述性统计，为实证分析提供研究样本的背景信息。

第5章至第11章则分别考察股东大会、董事会、审计委员会、监事会、高层管理者、外部审计师和监管机构的特征对财务报告欺诈的影响，具体思路为，首先提出研究假设，其次进行研究模型设计，最后通过方差分析和全样本回归分析得到实证结果并对结果进行解释。

第12章主要对前述分析进行归纳总结，并对下一步研究进行展望。

第1章　财务报告欺诈理论与实证研究

财务报告欺诈(fraudulent financial reporting)对上市公司自身发展和资本市场效率都存在着巨大危害。上市公司及其管理层通过提供较高质量的财务报告,有利于减少公司与外部报告使用者(如投资者、债权人、监管机构等)之间的信息不对称,进而降低资金使用成本以增加股东的财富价值,管理层在这个过程中也会通过报酬激励(如股票期权(stock options)等)或自身名誉的提升来获得收益。而高质量的财务报告在减少资本市场信息不对称的同时,增加了会计信息的透明度、相关性以及决策有用性,这对于提高资本市场投资效率、促进资本市场有效健康地发展,起着非常重要的作用。可见,财务报告欺诈不仅是上市公司自身运营和资本市场发展的"阻滞剂",更是存在巨大危害的"破坏器"。

本章从财务报告欺诈相关概念和理论研究入手,首先,明确财务报告欺诈的概念及其与盈余管理之间的关系,在回顾与财务报告欺诈相关的经典理论之后,分析现有研究中财务报告欺诈的构成要素,包括"谁(who)"参与了财务报告欺诈,财务报告欺诈使用"什么(what)"手段,"为什么(why)"会发生财务报告欺诈,以及"何时(when)"与"何地(where)"容易发生财务报告欺诈;其次,整理现有研究中财务报告欺诈公司的典型特征和审计领域财务报告欺诈公司的"红旗标志(red flag)";最后,探讨财务报告欺诈与公司治理的关系在近些年逐渐引起关注,以及财务报告欺诈的外部监督与规制机构的设立。本章试图对财务报告欺诈问题作一个全面的介绍,从而在此基础上展开其与公司治理关系的后续研究。

1.1 财务报告欺诈相关概念

要想正确并完整地理解财务报告欺诈的性质与成因，首先，须明确什么是财务报告欺诈。按照北京图书进出口有限公司出版的《韦氏国际词典》的解释，欺诈(fraud)一词的定义为“导致他人放弃或失去财产或一些权力的有意图的行为(the intentional deception to cause a person to give up property or some lawful right)”。司法系统关于欺诈的定义为“其是一个较广泛的概念，包含人们所采取和实施的、通过误导他人以使其受骗或犯错误来给自己谋取利益的全部行为和方式，包括一切蒙蔽、欺骗、有意图侵犯他人权利而采用的伎俩、计谋、骗局和手段”①。法律出版社出版的《牛津法律大辞典》对欺诈的解释是：“欺诈是一种虚伪陈述，或图谋欺骗的行为，通常以故意做虚假陈述，或者做出其本人并不相信其真实性的陈述，或者不顾其是否真实而做出的陈述等方式构成，并意图(并且事实上如此)使受骗人引以为据。但是，欺诈同样也可以以隐瞒真相或故意不做出其理应做出的陈述方式，或者通过行为构成。”法律出版社出版的《国际商事合同通则》第38条注释将欺诈的定义理解为“欺诈行为是指意欲诱导对方犯错误，并因此从对方的损失中获益的行为”。我国《关于贯彻执行〈中华人民共和国民法通则〉若干问题的意见(试行)》第68条规定：“一方当事人故意告知对方虚假情况，或者故意隐瞒真实情况，诱使对方当事人作出错误意思表示的，可以认定为欺诈行为。”根据这一规定，欺诈行为须具备几个条件：第一，欺诈人具有欺诈的故意；第二，欺诈人具有欺诈行为；第三，被欺诈人陷于错误是基于欺诈人的欺诈，即被欺诈人并非因自己疏忽之故，而是因欺诈之故陷于错误；第四，被欺诈人因错误认识而为意思表示，这里的意思表示，是指表意人将欲成为法律行为的意思表示于外部的行为，被欺诈人在为意思表示时认为是自己真实的意思表示，会引起期望的法律后

① 信息来源：http://www.usaverageadjusters.org/VP06Waters.pdf.

果,而如果被欺诈人虽然因受欺诈而陷于错误认识,但并未因错误认识而为意思表示,则不构成欺诈;第五,欺诈必须是违反法律法规、违反诚信原则的行为。综上可见,欺诈一词包含两层含义:一是指故意欺骗他人的行为;二是指故意欺骗他人,并诱使对方作出错误意思表示的行为。

对于财务报告欺诈(fraudulent financial reporting)的定义,在一些权威教材或者机构报告中有所涉及。美国注册欺诈检查师协会(ACFE, the Association of Certified Fraud Examiners)将财务报告欺诈定义为"对重要事项或者会计数据进行有意图的、蓄意的错误报告或者遗漏报告,以误导他人,进而在全部信息可获得的情况下,导致报告使用者改变其判断或者决策"(ACFE, 1993)。美国注册会计师协会(AICPA, American Institute of Certified Public Accountants)在《在财务报表审计中对欺诈的考虑》中,将财务报告欺诈定义为"在财务报表中蓄意错报、漏报或泄露以欺骗财务报表使用者"。美国公众监督委员会(POB, Public Oversight Board)定义财务报告欺诈为"公司高层管理者参与的、通过欺骗性地报告财务信息,以错误传递信息或恶意侵害他人利益的行为"(POB, 1994)。桑希尔和韦尔斯(Thornhill & Wells, 1993)强调财务报告欺诈是针对篡改和伪造财务报表的行为,这些行为通常是在高管层面进行的,并且较多涉及对于公司利润和资产的高估。马尔福德和科米斯基(Mulford & Comiskey, 2002)提出与 AICPA 相似的财务报告欺诈定义,即"通过对财务报表进行蓄意错报、漏报或泄露以达到欺骗财务报表使用者的目的"。

此外,现有一些学者认为财务报告欺诈(fraudulent financial reporting)和管理欺诈(management fraud)具有同等含义,可交互使用。埃利奥特和威林厄姆(Elliott & Willingham, 1980)和罗伯逊(Robertson, 2000)认为,之所以把财务报告欺诈和管理欺诈视作等同,是因为大部分的财务报告欺诈行为是发生在管理层,由管理者参与或者授权实施的。埃利奥特和威林厄姆(Elliott & Willingham, 1980)给出财务报告欺诈的定义为"管理层发生的欺骗性、误导性的财务报告和披露,以损害投资者和债权人利益的行为"。而雷扎伊(Rezaee, 2002)则认为管理欺诈包含财务报告欺诈,具体观点如图 1-1 所示。雷扎伊(Rezaee, 2002)指出这种定义更多关注公司外部受害者，并将财务报告欺诈定义为“蓄意的错报或者漏报与财务报表有关的会计数字或者会计信息，以试图蒙蔽和欺骗财务报表使用者，尤其是投资者和债权人”。

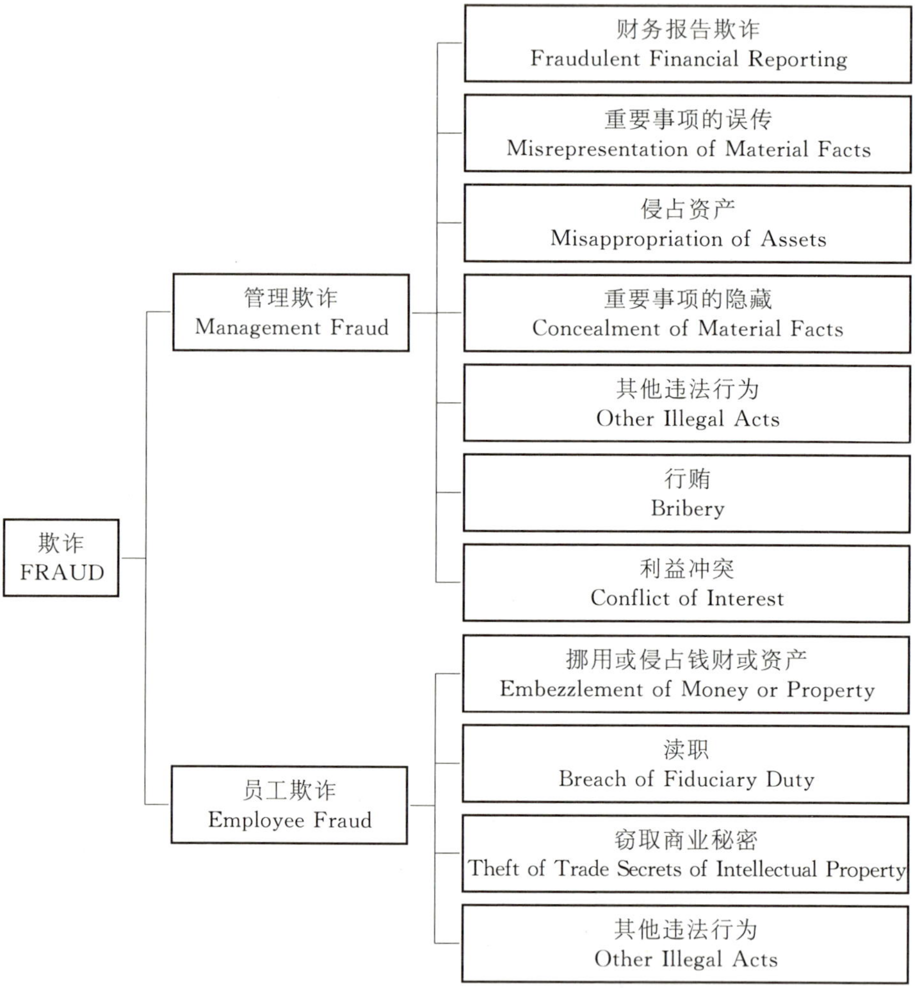

图 1－1　Rezaee（2002）关于欺诈类型的表述

综上可见，财务报告欺诈是一种不道德的、蓄意的犯罪行为，通过歪曲能够影响外部利益相关者（如投资者和债权人）决策过程的会计信息，来达到满足自身、公司内部人员（如高层管理者）或实际控制人（如大股东）利益的目的。显然，财务报告欺诈是财务欺诈的一种，而财务欺诈又是欺诈行为的一种。财务报告欺诈发生于公司内部高层管理者或者实际控制人与公司外部利益相关者信息交流的过程,而这个过程会直接影响外部利益相关者的决策。外部利益相关者根据公司内部的财务报告信息,判断公司的财务状况、经营成果和现金流量,并预测公司未来的发展前景,错误或者虚假的财务报告信息,会直接引发外部利益相关者作出不恰当的投资决策,从而引发法律后果。而这个事项发生在上市公司身上,则会导致资本市场投资效率的下降,易产生经济泡沫。

1.2 财务报告欺诈与盈余管理

自20世纪80年代以来,盈余管理(earnings management)一直是财务会计类和管理类研究者广泛关注的研究议题,然而,到目前为止,针对盈余管理的定义,学术界仍然没有达成共识。主要的分歧点来自不同学者对盈余管理是否合法的认定以及盈余管理与财务报告欺诈之间的关系,存在不同的意见。戈埃尔和撒克(Goel & Thakor,2003)认为,盈余管理的目的就是使财务报告信息反映公司管理层所期望的盈余,而不是公司真实的盈余,而这个过程就是欺骗外部利益相关者,因此盈余管理是欺诈性质的;而马林等(Marin et al.,2002)则指出,盈余管理这种行为虽然不是完全真实地反映公司盈余,但也不属于欺诈行为,其超出真实性财务报告和欺诈性财务报告的边界;此外,沃茨和齐默曼(Watts & Zimmerman,1990)提出,盈余管理是公司管理层根据自身的利益和判断,而作出的对公司会计数字进行有限的或者无限的战略性调整,这种调整可能落在合法的界限之内,也可能落在合法的界限之外,因此,盈余管理既可以是合法的又可以是欺诈性质的。

马尔福德和科米斯基(Mulford & Comiskey,2002)认为,盈余管理与财务报告欺诈之间的关系取决于公司在管理盈余过程中所使用的“激进会计政策(aggressive accounting practices)”是否属于公认会计准则(GAAP,Generally Accepted Accounting Principles)规定的范围。“激进会计政策”

是指公司在选择会计方法时，有意识地根据自身所期望的结果来选择相应的方法，而不考虑这种方法是否符合相应的情境或者公司实际情况。当激进会计政策的使用存在欺诈并事先有预谋的意图时，其产生的性质严重的误导便会被认定是一种违反法律法规的行为，那么激进会计政策的使用便是欺诈行为(Anderson, 1994)。对于是否属于公认会计准则(GAAP)规定的范围，约翰逊(Johnson, 1999)认为，盈余管理和财务报告欺诈都是对于公认会计准则的滥用，在这方面两者是一致的；布朗(Brown, 1999)则指出盈余管理是在公认会计准则允许的范围之内，对盈余进行调节使其更倾向于所期望的结果，而财务报告欺诈是在公认会计准则允许的范围之外，两者有本质的不同；而德肖和斯金纳(Dechow & Skinner, 2000)提出如果公司管理层调节盈余的目的是欺骗蒙蔽财务报表使用者，那么这种盈余管理就是财务欺诈行为，除此之外，其他情况都是正常会计政策或会计方法的选择。但是德肖和斯金纳(Dechow & Skinner, 2000)也指出虽然盈余管理和财务报告欺诈的意图有相似之处，但两者也存在本质差异，具体观点如表1－1所示。

表1－1　盈余管理和财务报告欺诈的差异

类　型	会计政策或会计方法选择 (Accounting Choices)	真实现金流选择 ("Real" Cash Flow Choices)
	属于GAAP规定的范围	
盈余管理 (Earnings Management)	稳健会计选择(Conservative Accounting)： • 过多估计和计提准备金(Overly aggressive recognition of provisions or reserves) • 收购过程中过多估计正在进行中的研发费用(Overvaluation of acquired in-process R&D in purchase acquisitions) • 过多估计重组支出和资产减值准备(Overstatement of restructuring charges and asset write-offs) 自然盈余(Natural Earnings)： • 正常运营过程所产生的盈余(Earnings that result from a natural operation of the process)	• 推迟确认销售(Delaying sales) • 加速确认研发费用或者广告费用(Accelerating R&D or advertising expenditures)

续　表

<table>
<tr><th>类　型</th><th>会计政策或会计方法选择
(Accounting Choices)</th><th>真实现金流选择
(“Real” Cash Flow Choices)</th></tr>
<tr><td>盈余管理
(Earnings Management)</td><td>激进会计选择(Aggressive Accounting):
● 过低估计坏账准备(Understatement of the provision for bad debts)
● 激进地调低准备金(Drawing down provisions or reserves in an overly aggressive manner)</td><td rowspan="3">● 推迟确认研发费用或者广告费用(Postponing R&D or advertising expenditures)
● 加速确认销售(Accelerating sales)</td></tr>
<tr><td rowspan="2">财务报告欺诈
(Fraudulent Financial Reporting)</td><td>超出 GAAP 规定的范围</td></tr>
<tr><td>● 销售未实现之前确认并记录销售(Recording sales before they are “realizable”)
● 确认并记录虚构的销售(Recording fictitious sales)
● 篡改销售发票日期使其提前确认(Backdating sales invoices)
● 通过确认并记录虚假存货以高估存货(Overstating inventory by recording fictitious inventory)</td></tr>
</table>

资料来源：Dechow P. M., Skinner P. J.. Earnings Management: Reconciling the Views of Accounting Academics, Practitioners, and Regulators[J]. *Accounting Horizons*, 2000(2): pp. 235-250.

德肖和斯金纳(Dechow & Skinner, 2000)进一步指出，当公司管理层和大股东通过操控投资者对于企业价值的认知，从而在融资过程中获得优惠或者在股票期权报酬计划中获得较高股价回报，他们会获得切实的自身利益，而财务报告欺诈更易于发生在经理自主权(managerial discretion)较大并且公司拥有较高负债率(debt-to-equity ratio)的情况下。经理层拥有较大自主权，通常是由于董事会权利较弱或效率较低，或者审计委员会不发挥作用，这些都会为高层管理者授权或参与财务报告欺诈活动创造环境和机会。金尼和麦克丹尼尔(Kinney & McDaniel, 1989)认为当公司处于财务困难时期，高管人员更易于通过欺诈活动来粉饰业绩，以达到暂时掩盖财务困境的目的。比斯利(Beasley, 1996)发现相比于没有发生财务报告欺诈的公司，有欺诈行为的公司中，高管人员持有公司股份较多，那么其操纵信息以调整股价的动机就较大。洛贝克等(Loebbecke et al., 1989)

也发现当高管人员过多关注公司股票价值时，这可能成为公司发生财务欺诈行为的一个信号（a “red flag” indicator）。德肖等（Dechow et al.，1996）指出，当公司存在以下情形时，其更易于发生非合规性的盈余管理（illegitimate earnings management）：

（1）董事会被高管人员所控制；

（2）总经理或 CEO 同时担任董事长职务；

（3）总经理或 CEO 同时是公司的创始人；

（4）未设立审计委员会；

（5）外部人员（例如机构投资者等）持有公司股份较少；

（6）违法行为的违规成本较低。

综上可见，现有研究对于盈余管理与财务报告欺诈之间的关系，未必达成共识。本书中，笔者在回顾前人观点的基础上，认为盈余管理和财务报告欺诈并不是同等概念。两者都属于偏离公司真实盈余报告的行为，但财务报告欺诈明确是违反法律法规的行为，而盈余管理则相对处于“灰色地带”，即便是未明确违反法律法规或公认会计准则，其通过调整会计信息达到满足自身需求的目的，也会损害投资者的利益。盈余管理与财务报告欺诈之间的关系，如图 1－2 所示。基于此，本书在后续论述财务报告欺诈相关内容以及实证分析的过程中，明确区分财务报告欺诈与盈余管理，所

图 1－2　本书对于财务报告欺诈和盈余管理关系的界定

得结论仅适用于公司财务报告欺诈行为。

1.3　财务报告欺诈理论研究

从世界范围看,美国上市公司发生了一系列财务报告欺诈案件,使众多投资者和债权人遭受巨额损失,并造成社会公众对上市公司和会计界空前的信任危机,对于财务报告欺诈形成原因的探讨备受关注,国内外不同学者从不同角度提出了各种财务报告欺诈理论。本节依次回顾与财务报告欺诈有关的欺诈三角理论、GONE 理论、冰山理论、欺诈风险因素理论、“圈钱”理论和委托代理理论。

1.3.1　欺诈三角理论

美国会计协会(AAA, American Accounting Association)和美国注册欺诈检查师协会(ACFE, Association of Certified Fraud Examiners)前任主席史蒂文·阿伯雷齐特(W. Steve Albrecht, 1995)在分析财务报告欺诈背后的深层次原因时,支持欺诈三角理论。他认为财务欺诈行为是由三个因素构成的: 压力/动机;机会;理性程度。就像氧气、热量和燃料通常被认为是“火三角”一样,缺少上述“欺诈三角”中的任何一员,财务欺诈行为都不会成功。在欺诈三角中,每两个因素都是相互作用、相互影响的。

雷扎伊(Rezaee, 2002)用“3C”模型来解释欺诈三角理论中的动机、机会和理性程度,这“3C”分别是条件(Conditions)、公司结构(Corporate structure)和选择(Choices)。首先,对于条件(Conditions),他认为财务报告欺诈只有在欺诈人权衡利弊之后才会发生,也就是欺诈人认为财务报告欺诈所带来的收益能弥补欺诈所发生的成本(通常是欺诈被发现的可能的后果成本),那么在这种情况下,当公司在承受了来自持续盈余恶化、公司业绩下滑、行业业绩不景气或整个经济低迷的经济压力时,其更有可能发生财务报告欺诈。其次,对于公司结构(Corporate structure),他认为财务报告欺诈通常是由公司高层管理人员授权或者实施的,那么,一个不完善的、效率低下的公司治理结构会给高层管理人员提供进行欺诈行为的环境、创造进行欺诈行为的机会,因为有效的公司治理结构能够增加不合规行为被抑制和被发现的概率,进而一定程度可以控制高层管理人员的欺诈行为。最后,对于选择(Choices),他认为当环境压力和公司结构都不是重要因素时,公司高层管理人员也可能仅仅是由于出于自身的野心、缺乏道德观念或不正常的激励等,而将财务报告欺诈作为一种战略手段来达到满足自身利益的目的。

1.3.2 GONE 理论

GONE 理论是西方学者在研究财务欺诈行为中提出的对欺诈风险因素进行分类的一种方法,其包含四个方面:“G”是贪婪(Greed),“O”是机会(Opportunity),“N”是需求(Need),“E”是暴露(Exposure)(Bologna et al., 1993)。GONE 理论虽然主要发展并应用于资产侵占(assets misappropriation)的研究,但这四个风险因素也可被用来解释财务报告欺诈行为,如图 1-3 所示。

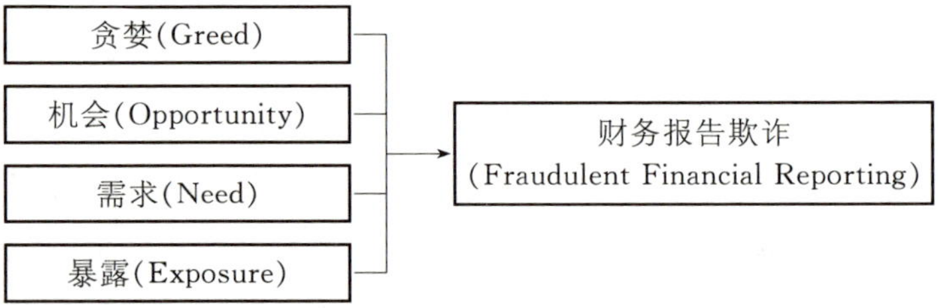

图 1-3 GONE 理论

财务报告欺诈行为的主体,通常是公司高层管理人员,他们的“贪婪(Greed)”是想要获得高额报酬或股票期权回报,或者通过获得配股或增发股票的机会来间接实现自身的经济利益;这种贪婪会转化成为财务报告欺诈的“需求(Need)”;由于高层管理人员具有能够获得公司内部信息并参与日常管理活动的先天优势,这为他们授权或实施财务报告欺诈提供了

“机会(Opportunity)”;而最终欺诈行为的“暴露(Exposure)”取决于外部独立审计师和监管人员对欺诈行为的调查和披露。

1.3.3　冰山理论

冰山理论将财务报告欺诈的所有因素分成两类,并将之比作海上的一座冰山。暴露于海平面以上的部分,仅仅是冰山可见的一角,通常是发生财务欺诈的公司所显现出的内部管理上的结构性问题。而隐藏于海平面以下的部分,才是更为主观和危险的部分,因为这些通常是行为方面的问题,包括高层管理人员的态度(attitude)、感受(feeling)、价值观(value)、满意度(satisfaction)以及动机(incentive)等,而这些都是不易察觉、易于被遮盖和掩饰的,如图 1－4 所示。

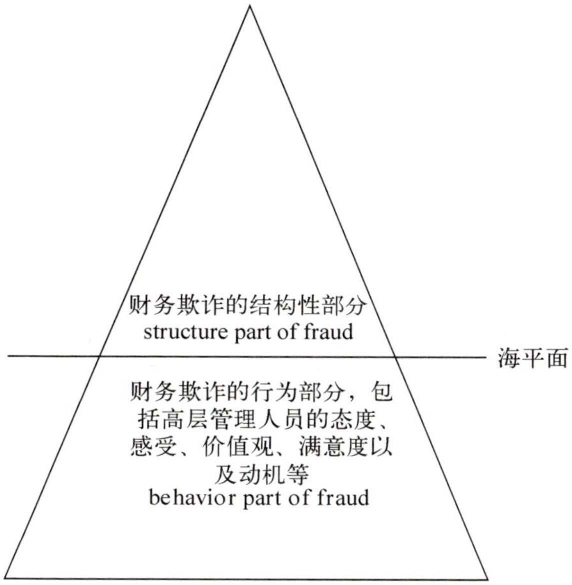

图 1－4　冰山理论

阿尔布雷特和罗姆尼(Albrecht & Romney, 1986)认为,对于外部独立审计人员而言,冰山理论不仅仅强调了公司结构的重要性,比如构建完善有效的内部控制和内部管理体系,而且也强调了审计人员应该关注具体人员的行为，用主观去感受可能存在的潜在欺诈因素。冰山理论指出财务报告欺诈的影响因素同时包含客观的制度性因素（如无效的内部控制制度）和主观的道德因素（如可能引发潜在不道德行为的因素）。

1.3.4 欺诈风险因素理论

博洛尼亚和林德基斯特（Bologna & Lindquist，1995）将 GONE 理论进一步拓展，认为公司中存在的能将贪婪、机会、需求和暴露变成财务欺诈行为的风险因素包含一般性的因素（general risk factors）和具体性的因素（individual risk factors），如图 1－5 所示。这个理论强调对于财务欺诈行为的控制，应更多集中于公司层面的具体因素，例如，具体因素包括商业道德和动机，那么需要对公司员工的道德意识进行培训，建立正确健康的道德文化氛围，来控制这种风险。对于一般性的因素，如要求公司建立完善的内部控制、治理和监督机构，则可对其进行控制。贝达德等（Bedard et al.，2001）在此理论基础上，分析了现有欺诈行为研究中对于欺诈风险因素的识别和评估、欺诈风险评估中决策辅助手段应用的有效性，以及欺诈评估手段与审计手段的关系等。贾法尔等（Jaffar et al.，2007）以此理论为依据，构建欺诈风险评估和欺诈识别的概念框架。

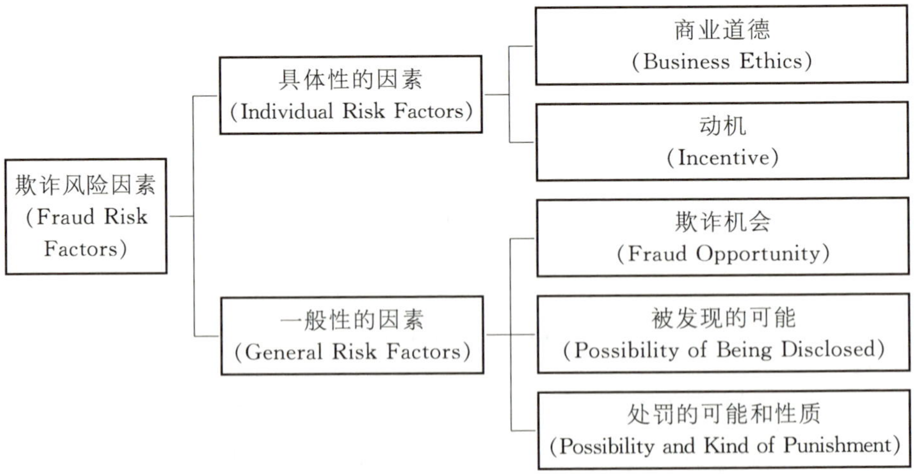

图 1－5 欺诈风险因素理论

1.3.5 “圈钱”理论

除了前述发展于西方的关于财务报告欺诈形成动因的几个理论，国内资本市场常用“圈钱”理论来解释财务报告欺诈行为。所谓的“圈钱”，是指公司在资本运作之后，并没有把圈来的资金投入到实体经济中，而是从事一些不符合公司长远利益的不正当的活动，这与公司正常的融资行为不同，正常的融资行为通常不称为圈钱。圈钱行为常是针对上市公司而言，其指公司的上市资格可以被看作是一种稀有资源，而股票市场可以被看作是资本来源地，这种几乎零成本的资本来源，给上市公司提供了巨额的资本流入(章美珍，2002)。现金流是公司运营的“血液”，每个公司都有非常强烈的对于资金的需求，在这种需求驱动下，上市公司的高层管理者会竭尽全力保住上市资格，避免被退市的可能性，而在特殊情况下，财务报告欺诈可能成为其保住上市资格的一个重要手段。此外，即便不为保住上市资格，通过财务报告欺诈来调控公司股价，也能使公司及其高层管理者获得投机收益。结合前述财务欺诈理论来看，“圈钱”理论实际上是试图解释上市公司财务报告欺诈的动机因素。

1.3.6 委托代理理论

另一个与公司欺诈行为有关的理论是委托代理理论(principal-agent theory)。虽然委托代理理论并不直接解释财务欺诈行为，但其所阐释的委托代理关系常被认为是导致财务欺诈的一个重要原因。在现代企业运营模式中，企业所有权与经营权分离是较为常见的情况，而这种两权分离便形成了企业所有者与经理人之间的委托代理关系(principal-agent relationship)。

委托代理关系的存在，会导致企业所有者和经理人的利益不完全一致，并引发信息不对称问题：首先，企业所有者追求的是高额利润和股价上升，以及在此基础上更进一步的经理人的刻苦努力和低工资，而经理人追求的是高工资、高回报,并不在乎这个过程是否会损害公司或者所有者的利益;其次,所有者由于不参与日常事务管理,存在无法获得全面、详细内部信息的先天劣势,即所有者与经理人之间存在着信息不对称。

为了减少所有者与经理人之间的信息不对称问题,经理人需要定期向所有者提供公司的财务报告,因此财务报告的实质就是所有者对经理人的监督。然而,如果公司财务业绩不佳,或者经理人存在着严重的投资决策失误,其可能为了避免所有者的责罚而对财务报告进行粉饰来保护自身的利益。欺诈行为便是这种粉饰活动的一个重要手段。因此,信息不对称问题可能会引发严重的道德危机,从而出现财务欺诈行为。财务欺诈过程中产生的财富流失,可以被看作是委托代理关系的一种隐性成本,欺诈行为不仅会加重所有者与经理人之间的信息不对称问题,还会潜在地导致市场上的逆向选择(adverse selection)和内部交易(insider trading),从而损害市场整体运行效率(Forsythe et al.,1999)。

1.4 财务报告欺诈的构成要素

现有研究从不同维度对财务报告欺诈进行探讨,本节依次从以下几个方面进行整理回顾:“谁(who)”参与了财务报告欺诈,财务报告欺诈使用“什么(what)”手段,“为什么(why)”会发生财务报告欺诈,以及“何时(when)”与“何地(where)”容易发生财务报告欺诈。

1.4.1 “谁”参与了财务报告欺诈

雷扎伊(Rezaee, 2005)发现,绝大多数的财务报告欺诈都是由公司高层管理者鼓励、参与、授权或是指使的,这里的高层管理者包括总经理(CEO)、财务总监(CFO)、总会计师、财务人员等。其他常常参与财务欺诈活动的人员有运营部门经理、董事会成员、其他部门主管、内部审计人员、外部独立审计人员等。贝伦特森和兰格威尔(Berentsen & Lengwiler, 2004)指出,从博弈的观点来看,高能力的经理人比低能力的经理人更容易进行财务欺诈。美国反虚假财务报告委员会下属的发起人委员会(COSO, Committee of Sponsoring Organisations of the Treadway Commission)在其1999年报告中发现,几乎全部的美国财务欺诈案例中,都有高层管理者的参与。其中,总经理(CEO)和财务总监(CFO)涉及83%的欺诈案件,财务经理和运营部门经理涉及28%的欺诈案件,如表1-2所示。绝大多数发生财务欺诈的公司拥有效率低下的董事会和审计委员会,而这赋予了高层管理者过多的决策自主权:接近25%的欺诈公司根本没有设立审计委员会。

表 1-2　"谁"参与了财务报告欺诈

人　员	涉及欺诈案件占全部案件(%)
总经理(CEO, Chief Executive Officer)	72
财务总监(CFO, Chief Financial Officer)	63
CEO 和/或 CFO	83
财务经理(Controller)	21
运营部门经理(Chief Operating Officer)	7
其他主管(Other Vice President Positions)	18
董事会(Board of Directors)	11
基层员工(Lower-Level Personnel)	10
外部人员(Outsiders, e. g. , auditors, customers)	38

资料来源:Beasley M. S. , Carcello J. V. , Hermanson, D. R. . Fraudulent Financial Reporting: 1987-1997, An Analysis of U. S. Public Companies[R]. New York, NY: COSO, 1999: 20.

1.4.2　财务报告欺诈使用"什么"手段

美国COSO报告(1999)在分析了204家欺诈案例后,指出通常财务报告欺诈手段可归纳为以下六类：

(1) 不恰当的收入确认；

(2) 高估资产价值(例如应收账款)；

(3) 低估负债或费用；

(4) 侵占或挪用资产；

(5) 不恰当的信息披露；

(6) 其他的手段。

同时，COSO报告还指出，50%的欺诈案例通过提前确认收入或者创造虚假销售记录对收入进行调节，其中具体的操作伎俩包括编造虚假销售凭据、在销售没有完全实现之前就对其进行确认、有条件的销售提前确认、销售截止的错误确定、不恰当的使用完工百分比法确认销售、没有授权的发货以及委托代销等。50%的欺诈案例通过记录虚假资产或没有所有权的资产、资本化本该费用化的项目、用资产较高的市场价值来虚增账面价值、低估减值准备等手段来调高公司资产价值。其他欺诈手段还包括低估负债和费用(18%的欺诈案例)；侵占或挪用资产(12%的欺诈案例)；不恰当的信息披露(8%的欺诈案例)；其他的手段(20%的欺诈案例)。

切丽(Cherry, 2004)发现在美国阳光公司(Sunbeam)的财务报告欺诈行为中，主要使用的手段有不恰当的收入确认、低估销售退回的准备金以及低估坏账准备。雷扎伊(Rezaee, 2002)认为调节收入是最普遍的财务报告欺诈手段，包括直接错误记录或制造虚假的销售交易，以及提前或推后确认真实的销售事项，而前一种造假行为(直接错误记录或制造虚假的销售交易)要比后一种行为(提前或推后确认真实的销售事项)更为恶劣。图1-6列示了雷扎伊(Rezaee, 2002)提出的常用欺诈手段。邦纳等(Bonner et al., 1998)提出一个较为全面的欺诈手段分类，包括虚假确认或高估收入和相关资产、提前确认收入、对收入和资产进行错误分类、高估资产或低估费用和负债、漏记或低估负债、漏报或不恰当的披露、权益类欺诈、关联方交易欺诈、“反向性”的欺诈(例如低估收入和资产、高估费用和负债)。

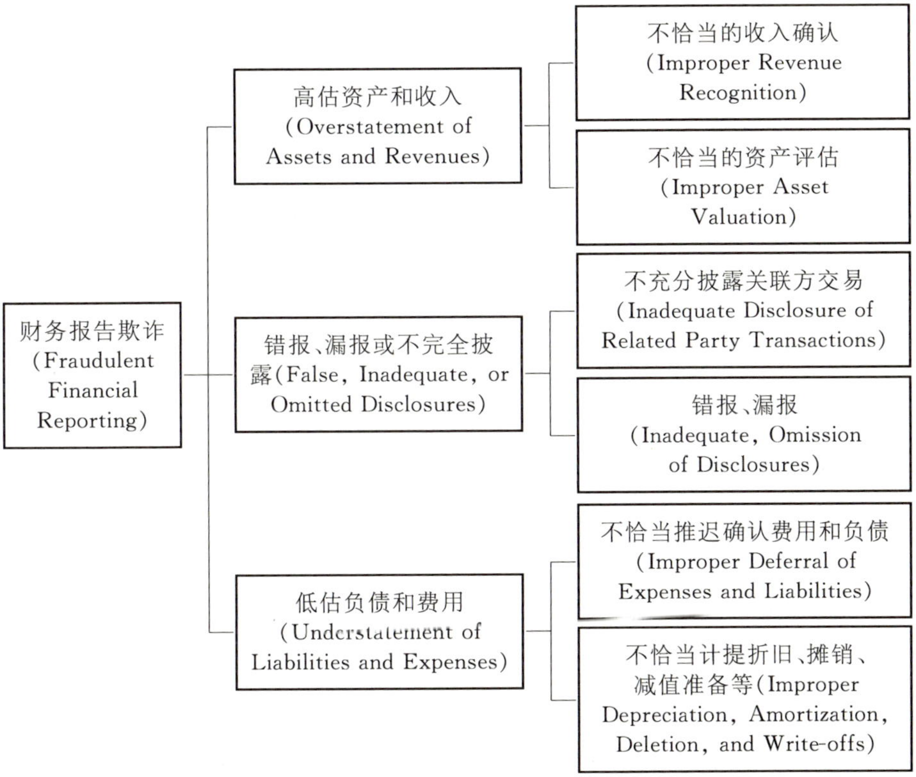

图 1－6　常用欺诈手段(Rezaee, 2002)

综上可见,现有研究归纳的上市公司财务报告欺诈手段有多种,主要体现为高估收入或资产和低估费用和负债。我国学者同样认可上述手段在违法财务活动中的应用,同时,一些学者还研究了上市公司对于会计政策选择和会计估计选择的滥用行为,例如王福胜和杨丹(Wang & Yang, 2006)发现一些中国上市公司利用会计估计进行操纵利润的意图较明显;企业中普遍存在机会主义行为,亏损时借会计估计增加亏损,为日后扭亏为盈奠定基础,盈利时则出于配股、保持利润增长等原因利用会计估计调增利润;在会计估计中,坏账准备、存货跌价准备和固定资产减值准备计提运用最为普遍,无形资产减值准备的计提比例也较大。

1.4.3　“为什么”会发生财务报告欺诈

诱发和引起财务报告欺诈行为的原因有很多,罗伯森(Robertson,

2000)认定了以下会导致财务报告欺诈的主要原因：

(1) 实现公司的目标和任务；

(2) 满足融资契约的规定；

(3) 获得与业绩挂钩的报酬或奖励；

(4) 在现有融资基础上以较优惠的条件获得新的融资机会；

(5) 通过股票销售吸引投资；

(6) 披露不切实际的每股盈余的增长；

(7) 消除市场的负面预期。

鲍尔(Ball, 2009)强调经济环境(economic environment)对于引发美国近年一系列财务丑闻的重要作用。他指出在一个极度扩张的繁荣时期，公司业绩的期望常常放在高增长这个点上，而经理人便容易承受要一直维持较高利润增长的财务压力，从而引发不合规的行为；同时，在较长期的繁荣时期，监管机构容易松懈，因为他们认为公司持续的高增长可能是繁荣时期的一种常态表现，因此，经济循环(economic cycle)在财务报告欺诈发生过程中，起着非常重要的作用。

基于契约理论，莱瑟姆和雅各布斯(Latham & Jacobs, 2000)和德肖等(Dechow et al., 1996)发现债务契约合同的限制与管理层操纵盈余之间存在着紧密的联系，管理层为满足债务契约的要求，会增加使用欺诈行为的可能性。赖斯和瓦茨(Lys & Watts, 1994)和卡塞罗等(Carcello et al., 2000)同样考察了财务压力(如当企业运营绩效较差、财务陷入困境时)是否是财务报告欺诈的一个驱动因素，并发现两者之间存在明显的正向关联关系，因此，企业财务状况恶化会增加管理层进行财务欺诈行为的可能性。

基于代理理论，莱瑟姆和雅各布斯(Latham & Jacobs, 2000)和卡特和斯托福(Carter & Stover, 1991)测试管理层持有公司股票(management stock ownership)和债务契约限制(closeness to debt covenant limit)这两个变量对财务欺诈行为的影响作用，他们发现，当管理层持有公司股票在5%以下或大于25%时，其与股东之间的利益冲突并不明显，然而，当管理层持有公司股票在5%到25%之间时，其容易出现机会主义行为，因此财务报告欺诈发生的可能性有所增加。

美国 COSO 报告(1999)在分析美国欺诈案例的基础上,提出以下可能诱发财务报告欺诈的原因:

(1) 避免报告税前亏损或虚增财务业绩;

(2) 满足或超出证券分析师对于盈余增长的预期;

(3) 提高股价或为新一轮增发股票做准备;

(4) 获得上市资格或为避免退市而需满足最低上市要求;

(5) 掩盖出于个人目的而导致的资产流失。

我国学者更多是研究公司盈余管理的动因,包括 IPO、获得配股机会、避免被退市、操控股价等(如邹小芃和陈雪洁,2002)。对于财务报告欺诈的动因,南京大学会计课题组(2002)曾提出导致会计信息失真的五方面原因,包括不实际的高增长目标、无效的监督和控制、来自投资者或证券分析师的压力、高层管理者的利益需求,以及薄弱的内部控制。黄世忠(2001)认为中国上市公司会计信息失真,更多是由于不健全的公司治理结构、外部审计师联合舞弊、高欺诈收益伴随着低欺诈成本,以及资产重组和关联方交易的较多滥用而导致的。

1.4.4 “何时”与“何地”容易发生财务报告欺诈

在苏格兰注册会计师协会(ICAS, the Institute of Chartered Accountants of Scotland)2004 年的报告中,海利尔和贝宾顿(Helliar & Bebbington, 2004)提出,在一个人的职业生涯中,会有一些特殊的时点,容易存在道德危机问题(some specific points in one's career where "ethics begin to bite")。他们从访谈中发现,当晋升为管理级别的职务时,是企业或事务所人员认为最易发生道德困境、出现道德危机的时点,例如成为一名会计师、部门经理或是企业合伙人。

控制监督具体人员在上述“时点”可能发生的道德危机问题,建立有效的公司治理结构是一个重要手段。有效完善的公司治理、匹配的内部控制,以及充分的财务报告流程能有助于减少具体人员在特定时点发生财务报告欺诈的可能性。按照规定,上市公司需要按照会计准则编制财务报表，并聘请外部独立审计师对财务报表进行审计。对于经营业绩较好、财务质量较佳的上市公司，其面临较小达到预期目标的压力；而对于经营业绩欠佳、有强烈愿望达到投资者预期的上市公司，其会承受较大的实现目标压力，这会转化成为其违反会计准则而使用一些违规手段达到目标的动机。虽然，上市公司财务报表经由独立审计师审计，能够一定程度上增加其可信性和客观性(Allen et al.，2006)，预防和发现公司财务欺诈行为最重要的方面，却是需要建立有效完善的公司治理结构，因为公司治理能直接控制欺诈行为发生的“地点”，将其遏制在发生之前。同时，有效充分的内部控制常常被认为是重要的方面，雷扎伊(Rezaee，2002)、詹姆斯(James，2003)和帕特森和诺埃尔(Patterson & Noel，2003)指出，高层管理者主要负责设计和维护企业内部控制，而内部控制的真正有效实施取决于内部审计人员、审计委员会、外部独立审计师等的工作，一个设计精美的内部控制，如果没有有效结构上的支持，也不会真正发挥作用。雷扎伊(Rezaee，2002)随后提出了一些财务报告欺诈很有可能发生的具体情境：

(1) 缺少勤勉有效的董事会和审计委员会；

(2) 存在不充分、薄弱的内部控制结构；

(3) 缺少内部审计机制或机制无效；

(4) 未聘请到尽职尽责的外部独立审计师；

(5) 发生罕见的、复杂的业务；

(6) 重要会计估计需要管理层较多主观选择和主观判断。

奥伯里恩(O'Brien，1988)发现证券分析师追踪、企业规模和机构投资者持股与财务报告欺诈的发生有明显关联，其中证券分析师和机构投资者作为外部监管者，发挥了一定的监督作用。莱瑟姆和雅各布斯(Latham & Jacobs，2000)同样发现，无论是直接监管(如公司治理)还是间接监管(如证券分析师)，监管的程度和有效性都能影响公司财务欺诈行为的发生。我国学者黄巧(2005)和陈关亭(2007)在研究中国上市公司违规财务操作机会时发现，这些机会常来自当公司大股东股权集中度较高、董事会中独立董事所占比例较少、董事会会议次数较少、董事成员持有公司股份比例较低、董事长和总经理为同一人、缺乏有效监管，以及会计师事务所发生频繁变更的时候。

1.5　财务报告欺诈公司的典型特征

现有研究从不同方面探讨了财务报告欺诈公司的典型特征，包括财务质量、业绩增长情况、上市年限、“做市商”的参与度、关联方交易情况、行业文化和环境特征，以及公司规模和历史，本节依次对其进行整理回顾。

1. 财务质量

贝尔等(Bell et al., 1991)、比斯利(Beasley, 1996)和罗斯纳(Rosner, 2003)指出，公司的财务健康质量与其发生财务报告欺诈或盈余操纵的可能性存在关联关系。具体地，贝尔等(Bell et al., 1991)提出三个反映财务质量并与财务报告欺诈可能性有关的指标：

- 与行业中其他企业相比具有较低的盈利能力；
- 对企业盈余有着不切实际的关注度；
- 企业持续经营的能力受到重大怀疑。

2. 业绩增长情况

公司的业绩增长情况与其发生财务报告欺诈的可能性存在关联关系(Bell et al., 1991; Beasley, 1996)。当一个公司处于快速业绩增长阶段时，高层管理者有动机在公司业绩出现下滑时，通过财务欺诈行为来维持公司业绩仍然快速增长的假象；同时，通过收购兼并形式带来的快速膨胀可能导致公司原有内部控制有效性地下降，从而给财务欺诈行为提供了一定的空间(Bell et al., 1991)。马尔福德和科米斯基(Mulford & Comiskey, 2002)指出，当公司试图为未来高额盈余增长做储备时，其通常使用会计手段得以实现，例如在进行商业合并的过程中，尽可能多记合并当期的费用支出，这样未来的费用便可以减少，从而增加未来盈余。而一些公司还会采取更为激进的方法，通过提前计提准备金的方式先行记录未来的费用支出，以使得未来盈余增长有保证，而这种手段是不符合会计准则规定的，属于财务欺诈行为。

3. 上市年限

以往研究(如 Beasley, 1996)指出，公司在资本市场的上市年限与其发生财务报告欺诈的可能性存在关联关系。美国反欺诈财务报告委员会(the Treadway Commission)(1987)认为,新上市的公司可能更有动机实施财务欺诈行为,因为公司上市初期为了满足盈余方面的预期从而吸引较多的投资者,会更为关注盈余的实现,从而增加了使用各种手段保持并增加盈余的动机。

4. “做市商”的参与度

这里所说的“做市商(block-holders)”是指机构投资者(institutional investors)等根据公司或者行业情况选择性投资的机构。比斯利(Beasley, 1996)指出“做市商”可以作为公司治理结构中的一部分来监督管理层的决策和行为。因此,当上市公司有较多股份是由“做市商”持有时,其会更乐于发挥监管者的作用来控制公司投融资活动及财务报告活动,从而在一定程度上抑制上市公司的财务欺诈行为。

5. 关联方交易情况

雷扎伊(Rezaee, 2005)认为如果企业全部的经济活动都通过正当途径完成,那么股东的权益才能得以保障。然而,在企业实际运营中,这种完全正当途径的交易(arm's-length dealing)是不存在的,尤其是现行企业交易中存在着许多关联方交易(related-party transactions),而这种交易在管理层具有先天内部信息优势的情况下,会加重由于代理问题而引发的利益冲突。在与关联方进行交易的过程中,由于缺少市场该有的竞争机制,关联方之间可以不依靠市场而制定交易细节,即交易的条件、定价等方面都可能是偏离市场平均水平的,因此关联方交易未必是以创造和增加股东价值为目的的,同时其合规性也常常遭受第三方的质疑(Summers & Sweeney, 1998)。洛贝克等(Loebbecke et al., 1989)提出关联方交易的存在常被外部审计人员认为是加重投资者和企业高管之间利益冲突的潜在因素,同时,关联方交易也常被看作是存在潜在财务报告欺诈行为的一个重要指标。

6. 行业文化和环境特征

雷扎伊(Rezaee, 2005)指出当公司处于行业环境不断恶化的情况时,其更容易发生财务报告欺诈行为,因为其有强烈的争夺稀缺资源的动机。这种动机会使公司更期望自身的财务指标和经营业绩看上去高于行业平均水平,或好于公司以往历史水平，以此增加证券分析师或者投资者对于公司未来发展的预期，从而保证自身在行业中的资源获取。辛普森和皮埃罗(Simpson & Piquero, 2002)和鲍克斯(Baucus, 1994)发现处于特定行业的公司更倾向于实施欺诈行为，同时行业文化会从多方面影响公司发生财务欺诈的可能性。鲍克斯(Baucus, 1994)进一步指出行业文化，包括整个行业的价值观、信念和分配标准等，都会对处于该行业公司的高层人员的行为产生影响。例如，在 20 世纪 60 年代，美国财务定价丑闻多发生于重电子设备行业；在 20 世纪 80 年代，美国虚假财务行为多发生于储蓄和信贷行业；而在 20 世纪 90 年代，美国顾客隐私泄露事件多发生于高科技行业。迪马吉奥和鲍威尔(DiMaggio & Powell, 2000)提出一个"组织同形态性(organizational isomorphism)"的概念，认为在一个行业中，领头企业的行为会影响到行业中其他企业的行为，比如财务违法行为，因此，同行业中的企业在观察或者发现领头企业的一些行为模式后，容易跟随并模仿这种模式，并认为这可能是行业惯例。

除了具体的行业文化，企业所处环境特征也会对其运营和行为产生影响。斯都(Staw, 1977)发现当公司处于资源不太充足的环境时，其更容易发生财务欺诈行为。鲍克斯(Baucus, 1994)进一步指出，企业自身环境因素比大环境因素更为重要，即便是大环境下，资源是充足的，但企业自身所能掌控或者获取的资源较为稀缺，同样易于发生财务欺诈行为。

7. 公司规模和历史

对于公司规模与财务欺诈行为之间的关系，现有研究得到了不同甚至相悖的结论。辛普森(Simpson, 1986)认为大公司更容易发生欺诈活动。鲍克斯(Baucus, 1994)认为大公司发生财务欺诈行为的可能性是小公司的两倍，中等规模公司发生财务欺诈行为的可能性是小公司的 1.1 倍。达布和卡尔顿(Daboub & Calton, 2002)给出了一些解释，认为公司规模会影响财务欺诈行为的可能原因，首先，公司规模可以看作是公司复杂性的代理变量，较大规模可能带来由于沟通和协调上的不充分而导致的内部控制有效性的下降；其次，大公司并不一定会发生更多的财务欺诈行为，但是由于其规模较大、业务透明度较低，其更容易成为监管机构审查欺诈行为的对象，这一定程度上可以解释为什么较多大公司易被发现欺诈行为；第三，大公司由于权力、业务等较为分散，其更容易为欺诈者提供违法行为的机会。然而，虽然上述原因看上去具有一定的合理性，但目前并没有较多切实的实证证据表明大公司明显更容易发生欺诈活动。相反地，美国COSO报告(1999)发现，在调查的204家美国财务欺诈案件中，小公司占较大比例，大多数的欺诈公司的资产规模都在1亿美元之下。

对于公司历史与财务欺诈行为之间的关系，鲍克斯(Baucus, 1994)提出，一个曾经发生过财务欺诈行为的公司，其未来再次发生欺诈的可能性较大，因为发生过欺诈行为说明这个公司的公司治理结构和潜在的运营模式或文化，会纵容或者难以发现违法行为，那么，其未来仍然可能在这个点上重蹈覆辙。欺诈历史一定程度上可以被认为是再欺诈的预警信号。马尔福德和科米斯基(Mulford & Comiskey, 2002)同意上述观点，并指出通常被发现进行财务欺诈的公司，其过往都曾有犯罪记录，违法行为很少仅发生在一个期间。

1.6 审计领域财务报告欺诈公司的“红旗标志”

在审计领域，财务报告欺诈的识别通常依靠所谓的“红旗标志(red flags)”，即发现一些可能显示欺诈的现象或信号。很多学者提出可以运用审计领域的“红旗标志”来识别企业存在财务欺诈行为的可能性，因为“红旗标志”本身的定义就是揭示财务欺诈潜在风险和可能的征兆。然而，需要注意的是，“红旗标志”的预测能力十分有限，因为目前并没有明确的实证证据说明财务欺诈行为的发生一定与“红旗标志”有关。埃利奥特和威林厄姆(Elliot & Willingham, 1980)指出，“红旗标志”并不能预测财务欺诈行为的存在，他们仅仅是欺诈发生的条件性因素，也就是欺诈发生通常在这样的条件中，但出现这样的条件，并不意味着欺诈一定会发生，因此，“红旗标志”的主要作用是引起关注和警惕。

现有研究(如Coopers & Lybrand, 1977; Elliot & Willingham, 1980; Albrecht & Romney, 1986; Loebbecke et al., 1989; Magrath &

Weld, 2002)提出了一系列“红旗标志”,可归纳整理为组织结构、财务质量、商业与行业环境三个方面,具体包含如下所示。

组织结构方面的“红旗标志”:

(1) 有较大自主权并且盛气凌人的高管团队;

(2) 董事会以内部董事为主或者内部董事占主导地位;

(3) 董事会运行效率低下;

(4) 高管人员的薪水和报酬与盈余或股价目标紧密挂钩;

(5) 不恰当的高层意愿;

(6) 频繁的高管人员变动;

(7) 缺乏管理控制和监督;

(8) 不负责的公司治理结构;

(9) 不存在或者无效的审计委员会。

财务质量方面的“红旗标志”:

(1) 销售量急剧下降所表现出来的盈余质量恶化;

(2) 不切实际的增长目标;

(3) 异常的快速增长;

(4) 发生重大投资或损失;

(5) 营运资本不足;

(6) 过分强调某一个或某几个产品、顾客或者业务;

(7) 高额负债;

(8) 通过引入新的产品类型或者生产线进行快速扩张。

商业与行业环境方面的“红旗标志”:

(1) 可能会制造异常压力的商业环境;

(2) 正在或曾被监管机构调查;

(3) 正在经历快速的技术革新;

(4) 行业处于下滑趋势;

(5) 行业内部经济环境不佳;

(6) 不正常的激烈竞争。

组织结构方面的“红旗标志”强调企业内部相关方(包括高层管理人

员、董事会、审计委员会、内部审计等)和企业本身机制(如内部控制制度和公司治理结构)的有效性;财务质量方面的"红旗标志"强调企业是否正面临财务困境和两难境地;而商业与行业环境方面的"红旗标志"则强调企业所处整个经济和行业环境,如竞争程度和行业资源限制等。

阿尔布雷特等(Albrecht et al., 2001)试图调查使用"红旗标志"方法来识别和检测财务报告欺诈的有效性,并发现其中可能存在以下缺陷:首先,收集企业财务报告欺诈的充足证据非常困难,因为并不是所有发生的财务欺诈行为都能被发现并披露;其次,由于缺乏一致的、统一的财务报告欺诈证据,这使得要得到欺诈的一般性结论变得非常困难;第三,目前几乎没有通过使用"红旗标志"方法发现财务欺诈的例证;第四,缺乏能够准确寻找和分析全部欺诈征兆数据的成熟的分析方法。阿尔布雷特等(Albrecht et al., 2001)同时提议了几种可以用来评估"红旗标志"方法识别财务欺诈行为有效性的方法,包括数据挖掘商业软件、分析手段(如横向的、纵向的、比率分析等)、对财务数据的数字分析,以及实证的假设检验方法。布拉德伯里(Bradbury, 2006)提出数字取证(digital forensics)和会计调查(investigative accounting)可适用于追踪企业欺诈行为。

我国一些学者(如胡华夏,2006)考查了上市公司盈余管理行为,发现中国上市公司倾向于使用非营业性利润指标(如投资收益和营业外收入)来调节利润;营业收入的持续下降或营业收入明显低于同行业平均水平,是公司可能要发生财务欺诈行为的信号。2002年,中国注册会计师协会(CICPA)发布了《审计技术提示第1号——财务欺诈风险》,指出9大类中的54个因素可能导致公司进行财务欺诈,或表明公司存在财务欺诈风险,注册会计师在执行公司审计业务时须充分关注,保持应有的职业谨慎。

表1-3 中国注册会计师协会发布的"红旗标志"

类别	具体因素
一、财务稳定性或盈利能力受到威胁	1. 因竞争激烈或市场饱和,主营业务毛利率持续下降; 2. 主营业务不突出,或非经常性收益所占比重较大; 3. 会计报表项目或财务指标异常或发生重大波动; 4. 难以适应技术变革、产品更新或利率调整等市场环境的剧烈变动;

续　表

类　别	具　体　因　素
	5. 市场需求急剧下降,所处行业的经营失败日益增多; 6. 持续的或严重的经营性亏损可能导致破产、资产重组或被恶意收购; 7. 经营活动产生的现金流量净额连年为负值,或虽然账面盈利且利润不断增长,但经营活动没有带来正的现金流量净额; 8. 与同行业的其他公司相比,获利能力过高或增长速度过快; 9. 新颁布的法规对财务状况或经营成果可能产生严重的负面影响; 10. 已经被证券监管机构特别处理(ST)。
二、管理当局承受异常压力	1. 政府部门、大股东、机构投资者、主要债权人、投资分析人士等对公司获利能力或增长速度的不合理期望; 2. 管理当局对外提供的信息过于乐观而导致外界对其产生不合理的期望; 3. 为了满足增发、配股、发行可转换债券等对外筹资的条件; 4. 可能被证券监管机构特别处理(ST)或退市; 5. 急于摆脱特别处理(ST)或恢复上市; 6. 为了清偿债务或满足债务约束条款的要求; 7. 不良经营业绩对未来重大交易事项可能产生负面影响; 8. 为了实现设定的盈利预测目标、销售目标、财务目标或其他经营目标。
三、管理当局受到个人经济利益驱使	1. 管理当局的薪酬与公司的经营成果挂钩; 2. 管理当局持有的公司股票即将解冻; 3. 管理当局可能利用本公司股票价格的异常波动谋取额外利益。
四、特殊的行业或经营性质	1. 科技含量高,产品价值主要来源于研发而非生产过程; 2. 市场风险很大,很可能在投入了巨额研发支出后却不被市场接受; 3. 产品寿命周期短; 4. 大量利用分销渠道、销售折扣及退货等协议条款。
五、特殊的交易或事项	1. 不符合正常商业运作程序的重大交易; 2. 重大的关联交易,特别是与未经审计或由其他注册会计师审计的关联方发生的重大交易; 3. 资产、负债、收入、费用的计量涉及难以证实的主观判断或不确定事项,如八项减值准备的计提; 4. 尚未办理或完成法律手续的交易; 5. 发生于境外或跨境的重大经营活动; 6. 母公司或重要子公司、分支机构设在税收优惠区,但不开展实质性的经营活动。

续 表

类　别	具　体　因　素
六、公司治理缺陷	1. 董事会被大股东操纵； 2. 独立董事无法发挥应有的作用； 3. 难以识别对公司拥有实质控制权的单位或个人； 4. 过于复杂的组织结构，或涉及特殊的法人身份或管理权限； 5. 董事、经理或其他关键管理人员频繁变更。
七、内部控制缺陷	1. 管理当局凌驾于内部控制之上； 2. 有关人员相互勾结，致使内部控制失效； 3. 内部控制的设计不合理或执行无效； 4. 会计人员、内部审计人员或信息技术人员变动频繁，或不具备胜任能力； 5. 会计信息系统失效。
八、管理当局态度不端或缺乏诚信	1. 管理当局对公司的价值观或道德标准倡导不力，或灌输了不恰当的价值观或道德标准； 2. 非财务管理人员过度参与会计政策的选择或重大会计估计的确定； 3. 公司、董事、经理或其他关键管理人员曾存在违反证券法规或其他法规的不良记录，或因涉嫌舞弊或违反法规而被起诉； 4. 管理当局过分强调保持或提高公司股票价格或盈利水平； 5. 管理当局向政府部门、大股东、机构投资者、主要债权人、投资分析人士等就实现不切实际的目标作出承诺； 6. 管理当局没有及时纠正已发现的内部控制重大缺陷； 7. 管理当局出于逃税目的而采用不恰当的方法减少账面利润； 8. 对于重要事项，管理当局采用不恰当的会计处理方法，并试图将其合理化。
九、管理当局与注册会计师的关系异常或紧张	1. 频繁变更会计师事务所； 2. 在重大的会计、审计或信息披露问题上经常与注册会计师发生意见分歧； 3. 对注册会计师提出不合理的要求，如对出具审计报告的时间作出不合理的限制； 4. 对注册会计师施加限制，使其难以向有关人士进行询证、获取有关信息、与董事会进行有效沟通等； 5. 干涉注册会计师的审计工作，如试图对注册会计师的审计范围或审计项目小组的人员安排施加影响。

1.7　财务报告欺诈与公司治理

以往许多研究(如 Rezaee, 2002; Jennings et al. , 2006; Duncan, 2009)都指出,公司治理是影响财务报告欺诈的最重要的因素,因为公司治理本身的责任就是通过一个机制的设立,来监管完善公司财务报告流程,消除或者最小化可能导致公司财务违法行为的动机、机会和环境因素。其他影响财务报告欺诈的因素还包括公司具体的实施细则规定、充分有效的内部控制体系、内部审计职能的设立,以及外部独立审计服务。图 1－7 具体描述了雷扎伊(Rezaee, 2002)提出的公司治理如何识别和控制财务报告欺诈行为。

预防欺诈 Prevention

1. 负责的公司治理(Responsible corporate governance)
2. 具有警惕心的董事会(Vigilant board of directors)
3. 具有警惕心的审计委员会(Vigilant audit committee)
4. 勤勉的高层管理者(Diligent management)
5. 充分有效的内部审计机制(Adequate and effective internal audit function)

发现欺诈 Detection

1. 充分有效的内部控制结构(Adequate and effective internal control structure)
2. 负责的法律顾问(Responsible legal counsel)
3. 警惕的、具有怀疑态度的外审(Alert, skeptical external audit assurance function)
4. 外部监督管理程序(External regulatory oversight procedure)

更正欺诈 Correction

1. 重述当年财务报表(Restatement of current year fraudulent financial statements)
2. 重述当年及以前年度财务报表(Restatement of current and prior years fraudulent financial statements)
3. 分流并消除导致欺诈的动机和机会(Ramification of motives and opportunities contributed to the commission of financial statement fraud)
4. 重建并实施重塑公众信心的战略措施(Establishment and implementation of strategies to regain public confidence in the integrity, quality, and reliability of financial reports)

图 1－7　公司治理对财务报告欺诈行为的影响(Rezaee, 2002)

曾经,外部独立审计师一直被认为是识别和发现财务欺诈的主要人员,然而,近些年,识别和发现财务欺诈的主要责任逐渐转移到公司治理方面，有效的公司治理应能保证财务报告过程的质量和可信性(Newman et al., 2001; Cohen et al., 2002; Cullinan & Sutton, 2002; Alleyne & Howard, 2005)。对于外部独立审计师在识别和发现财务欺诈中的作用，布劳恩(Braun, 2000)指出，在有限时间的压力之下，外部独立审计师通常只能关注主要责任方面，而放弃次要责任方面，而相比于财务错报(misstatements)的性质方面(如是否为欺诈性质)，收集财务错报发生频率(frequency of misstatements)的实际证据，是外部独立审计师关注的主要方面。

美国全国董事协会(NACD, National Association of Corporate Directors)(1999)也提出了公司治理方面需要预防财务欺诈等违法行为以保护投资者权益的四项原则：

• 通过制定方案和沟通构建公司健康的高层文化(Setting the tone at the top through conduct and communication)，因为高层管理者通常是财务欺诈行为的主要授权人和实施者，构建健康、正直的高层文化是控制违法违规行为的最重要的因素；

• 保证董事的义务履行与独立性(Director commitment and independence)，第二个重要因素是保证董事会能充分履行其监督职责并维持独立性，这包括董事会应由有相应专业知识的、具有法律和财务背景的、独立人员组成，各成员应各尽其责；

• 明确识别欺诈风险的责任(Explicit focus on fraud risk)，所有参与财务报告流程的相关方，包括高层管理者、董事会等，都应具有风险意识；

• 建立有效的沟通机制(Effective communication process)，相关方之间有效、持续的沟通，能切实地减少发生财务欺诈的可能性。

比斯利等(Beasley et al., 2000)通过考察卫生保健、科技和金融服务三个行业发生财务欺诈和没有发生财务欺诈的公司是否存在公司治理方面的差异发现，首先，与没有发生财务欺诈的公司相比，欺诈公司的治理机制较弱；其次，科技和金融服务行业的欺诈公司很少设置审计委员会；第三，对于三个行业的欺诈公司而言，其审计委员会和董事会的独立性较差；第四，卫生保健和科技行业的欺诈公司，明显比非欺诈公司拥有较少的审计委员会会议讨论；第五，三个行业的欺诈公司都拥有较少的内部审计机制支持。柴芬斯

(Cheffins, 2009)调查美国公司治理机制在 2008 年股票市场低迷状态中是否丧失了其应有的作用,认为总的来说,答案是“没有”,并且实际上在一些重点领域非常困难的条件下,其仍发挥了较好的作用。法伯(Farber, 2005)和马修克泰特等(Marciukaityte et al. , 2006)探究欺诈公司在欺诈被发现后的恢复战略的有效性,指出欺诈公司在这个阶段会关注公司治理机制的提升和完善。

在我国,大部分学者认为财务报告欺诈就是审计失败,并且认为外部审计师应是发现财务欺诈行为的主要责任人。王广亮和李秀华(2004)指出注册会计师是否应该对财务欺诈行为负责,在审计理论和实践领域一直未达成共识,基于审计准则,注册会计师有责任识别和发现直接影响财务报表的重大财务违规行为,而不遵守审计准则是导致审计失败的最主要原因。尽管近些年开始有一些关于公司自身(如治理结构)需识别和防范财务报告欺诈的理论探讨,但实证研究方面的积累仍然较少。刘立国和杜莹(2003)认为会计信息失真一定程度上需归因于公司治理方面的缺陷,他们发现法人股比例、高管持有公司股份、内部人控制程度以及监事会规模都与会计信息失真的发生有显著正向关联关系,而流通股比例与会计信息失真有显著负向关联关系。司茹(2007)认为上市公司财务报告欺诈不能完全用内部控制来解释,因为很多上市公司的大股东拥有绝对的控制权,而这种控制权会使其获得私有收益,从而影响内部控制的有效运行,而“粉饰”财务报表是为了遮掩大股东的欺诈行为。章美珍(2002)通过分析“银广夏”的造假案例,指出提升一个公司的治理结构,最重要的方式是设立审计委员会,同时,定期评估监测内部控制和定期评价并培养高层管理者的正确价值观,也起着非常重要的作用。高山(2007)强调财务报告过程与财务治理紧密相关;公司内部和外部治理结构包括高层管理者、董事会、监事会和外部审计师,而这几部分同时影响财务信息的报告和披露过程。

1.8　财务报告欺诈的外部监督与规制

本节主要探讨财务报告欺诈的外部监督与规制,将依次回顾作为外部监管者的美国反欺诈财务报告委员会(the Treadway Commission)、美国注册会计师协会(AICPA)、美国证券监督管理委员会(SEC)以及我国证券监督管理委员会(CSRC)的相关职能与举措。

1.8.1 美国 Treadway 委员会

自从 20 世纪 80 年代以来,越来越多发生于上市公司的财务报告欺诈行为,引起监管机构的重视,来自资本市场和审计领域的高度关注,使得监管机构急需思考如何应对并防范越来越频繁的财务欺诈行为。1985 年,美国注册会计师协会(AICPA, American Institute of Certified Public Accountants),美国会计协会(AAA, American Accounting Association),美国内部审计师协会(IIA, Institute of Internal Auditors)连同财务经理人协会(FEI, Financial Executives International)一起组建了反欺诈财务报告委员会(National Commission on Fraudulent Financial Reporting),也就是 Treadway 委员会,其是以委员会主席,也是前任 SEC 委员詹姆斯·特雷德韦(James Treadway)的名字而命名。Treadway 委员会主要负责调查财务报告欺诈行为的深层原因,并且指出当管理层承受不应有的追求短期收益的压力时,财务欺诈的概率通常会增加,而这种短期收益压力可能是为满足自身高报酬的需求或是满足投资者的期望。为了创造一个可以消除或控制这种压力的报告环境,公司中需设立一个机构使其对这种压力具有"免疫力",而一个独立的审计委员会正是具有这样职能的机构。Treadway 委员会最重要的贡献是建议公司设立能影响财务报告环节的强有力的、独立的审计委员会,发挥其监督管理层压力与财务欺诈行为的作用(Mulford & Comiskey, 2002)。在 Treadway 委员会有名的 1987 报告中,委员会提出了一系列针对上市公司、独立审计师、美国证券监督管理委员会(SEC)和会计师教育领域的重要建议。同时,Treadway 委员会下属的发起人委员会(COSO, Committee of Sponsoring Organization of the Treadway Commission)在 1999 年发布了针对美国财务报告欺诈案例进行研究的报告"*Fraudulent Financial Reporting 1987 - 1997: An Analysis of*

U. S. Public Companies in 1999”。在报告中，作者们通过分析美国 SEC 发布的会计和审计处罚公告（AAERs，Accounting and Auditing Enforcement Releases），考察 204 家被认定发生财务报告欺诈的上市公司的公司治理特征，包括高层管理者、董事会和审计委员会的职能表现，报告的结果为识别财务欺诈领域和审计领域提供了较好的警示信息。

1.8.2　美国注册会计师协会（AICPA）

美国注册会计师协会（AICPA，American Institute of Certified Public Accountants）成立于 1887 年，其前身为美国公共会计师协会（AAPA，American Association of Public Accountants），主要负责注册会计师和会计师事务所的管理。在审计领域，一个公认的观点是公司财务报表应该提供充足的、相关的、公正的会计信息，这些信息能够反映公司过去的财务状况、经营成果和现金流量，预测公司未来的发展前景和风险，并能作为投资者市场决策和投资战略的依据。在 1991 年，AICPA 财务报告特别委员会（Special Committee on Financial Reporting）成立，其目的是识别财务报表使用者的需求，并探究哪一类型的会计信息在预测公司未来盈余和现金流过程中最有助于商业决策。在委员会 1994 年名为“*Improving Business Reporting — A Customer Focus: Meeting the Information Needs of Investors and Creditors*”（提升商业报告行为——基于满足投资者和债权人信息需求的角度）报告中，委员会构建了一个有助于提供有用决策依据和信息风险评估的财务报告的模式，并提出了许多提升会计信息决策有用性和相关性的建议。

对于财务欺诈行为的识别与防范，AICPA 一直强调注册会计师在财务报表审计中，应高度关注公司是否可能存在财务欺诈行为以及可能导致财务欺诈行为的条件。在 20 世纪初，财务报表审计的主要目标是识别和发现财务欺诈，然而由于财务欺诈通常是公司极力要掩盖隐藏的事项，在审计师无法百分之百拿到内部信息的情况下，完全发现欺诈行为基本不可能，到 20 世纪中期，财务报表审计的主要目标变更为提供一个报表是否

“公允”表达的意见，目的是尽可能保护注册会计师的权益。即便如此，财务报表的利益相关方，尤其是投资者和债权人，仍然认为识别财务报告欺诈是注册会计师的一个主要责任。1997 年，AICPA 发布了 82 号审计准则(SAS, Auditing Standards)“对财务报表审计中欺诈的考虑(*Consideration of Fraud in a Financial Statement Audit*)”，指出注册会计师有责任计划和实施审计工作，以保证被审计单位的财务报表不存在由于错误或欺诈导致的重大错报。在审计过程中未能发现应该发现的财务报告欺诈行为，会损害注册会计师的声誉，并可能引发法律责任(AICPA, 1997b)。为了给注册会计师提供识别财务欺诈的指导，预防其可能承担的未发现欺诈行为的责任和后果，SAS 82 号提出了“红旗标志”方法，要求注册会计师充分分析潜在财务欺诈的各种风险因素。

1.8.3 美国证券监督管理委员会(SEC)

亚瑟·利维特(Arthur Levitt, 1998)，美国证券监督管理委员会(SEC, Securities and Exchange Commission)前主席，曾在纽约大学的一次演讲中指出，会计与财务报告领域正经历着重要的挑战，而这挑战主要来自财务报告质量的控制。由于 SEC 肩负着减少、防范财务报告欺诈的责任，SEC 归纳并提出了五种公司常用来调节报表数字的激进会计方法(creative accounting practices)：巨额计提费用损失(也叫“洗大澡 big bath”)、激进的合并或并购处理方法(creative acquisition accounting)、非常规使用保证金或准备金(cookie jar reserves)、违规使用重要性原则(materiality)以及在收入确认上“动手脚”(revenue recognition)。利维特(Levitt)主席指出，资本市场的有效性依赖于市场上公司财务报告的真实性和可靠性，财务报告存在问题不仅仅会关系到公司投资者的利益，其也会牵连到美国乃至整个世界金融界的运行与发展。因此，利维特(Levitt)主席强烈呼吁制订和实行所有能够保证和提升财务报告质量的措施。

继利维特(Levitt)主席 1998 演讲之后，很多领域在此方面取得了长足的发展。SEC 在结合其本身会计纲领的同时，发布了三个新会计公报(SAB, Staff Accounting Bulletins)。1999 年 8 月，SAB 99 号“重要性(Materiality)”原则得以发布，其指出“重要性不能仅仅靠定量的方法来评判，定性的评估同样十分重要；修正错报时不能仅考虑净额，要分别多账户同时修正；如果错报是有意图的、故意而为之的，即便是不重要的错报，也是不允许的”(SEC, 1999a)。1999 年 11 月，SAB 100 号“重组和减值费用(Restructuring and Impairment Charges)”原则得以发布，其指出“禁止在公司高管实际执行某一计划之前对其成本进行提前确认”(SEC, 1999b)。同时期，另一个会计公报 SAB 101 号“收入确认(Revenue Recognition)”原则得以发布，其指出“收入的确认应依靠现有原则进行，如果现有原则没有具体解释，应按照 SEC 的指示对一些特殊交易进行确认”(SEC, 1999c)。此外，SEC 的执行部门(Division of Enforcement)负责调查潜在的违反 SEC 法案的行为，包括所有误报、漏报重要财务信息的行为，并执行许多直接的处罚措施，如暂停责任人从事上市公司高管职务、暂停注册会计师和律师的职业资格以及物质惩罚。除了上述直接处罚措施，财务报告欺诈还会导致其他严重后果，包括公司股票价格大跌或者公司退市。对于识别财务报告欺诈，SEC 认为小规模的公司可能更容易发生欺诈行为，因为小公司常常拥有比较薄弱的内部控制系统、独立性较差的董事会以及并不设立审计委员会。

1.8.4　中国证券监督管理委员会(CSRC)

随着中国资本市场的不断发展，上市公司披露的财务信息在资本市场投资者的决策过程中开始扮演着越来越重要的角色。资本市场的有效健康发展，取决于投资者和债权人等利益相关方对上市公司会计信息的认可和信心，然而，财务报告欺诈行为是对公众信心的重大威胁。在认识到这点后，1992 年，中国政府组建了中国证券监督管理委员会(CSRC, Chinese Securities Regulatory Commission)，其主要职责是指导和监督中国资本市场的有效运行并保护市场上投资者的权益。2006 年，CSRC 在其网站上强调了一系列在《刑法》、《证券法》和《公司法》中涉及的防范和惩罚违法财务行为的规定，并提出了很多针对特定违法行为的处罚措施。同年，CSRC针对非法财务活动的风险指出，投资者需要学会自我保护，对于参与欺诈活动的个人，将不受到法律保护。每年，CSRC 都会在其网站上披露从事、参与和涉及财务欺诈活动的公司、会计师事务所和个人的情况，以及相应的处罚信息。中国前任审计署审计长李金华曾指出，对投资者权益的唯一保护措施就是让他们获得上市公司真实的、可靠的会计信息，并依据会计信息进行投资决策。为了保护上市公司会计信息质量和透明度，CSRC 强调需建立并完善公司治理结构，对此，2007 年 CSRC 发布了《关于开展加强上市公司治理专项活动有关事项的通知》。在通知中，CSRC 对上市公司提出以下要求：

(1) 上市公司能依据《公司法》、《上市公司治理准则》、《上市公司股东大会规范意见》、《上市公司章程指引》等法律法规以及《关于提高上市公司质量的意见》等文件建立完善的治理结构并规范运作，实际运作中没有违反相关规定或与相关规定不一致的情况；

(2) 上市公司控股股东行为较为规范，依法行使出资人权利杜绝同业竞争，建立了控股股东行为约束的长效机制；

(3) 上市公司股东大会职责清晰，有明确的议事规则并得到切实执行，有方便社会公众投资者参与决策的制度安排，在重大事项上采取网络投票制；

(4) 上市公司董事会职责清晰，有明确的议事规则并得到切实执行，全体董事(包括独立董事)切实履行职责；

(5) 上市公司监事会职责清晰，有明确的议事规则并得到切实执行，全体监事切实履行职责；

(6) 上市公司经理及其他高级管理人员职责清晰并正确履行职责；

(7) 上市公司建立了完善的内部控制制度，财务管理制度、重大投资决策、关联交易决策和其他内部工作程序严格、规范，定期对内部控制制度进行检查和评估，并披露相关信息；

(8) 上市公司建立了完善的内部约束机制和责任追究机制，各个事项有明确的责任人，杜绝越权决策或不履行内部决策程序的事项；

(9) 上市公司制定并严格执行信息披露管理制度，明确信息披露责任人，信息披露真实、准确、完整、及时、公平。

1.9　既有研究的不足

本章回顾了以往与财务报告欺诈相关的理论和实证研究，对财务报告欺诈问题的既有研究有了较为全面的理解。可以看出，现有研究对于财务报告欺诈的性质、理论解释财务报告欺诈形成的原因、财务报告欺诈行为的基本特征、发生财务报告欺诈的公司的基本特征做了较多探讨，其中实证方面的研究较多来自审计领域。对于财务报告欺诈与公司治理之间的关系，现有研究较多是理论上的论述，西方学者近些年开始实证考察公司治理对于财务欺诈的影响，而我国相应的研究还较为匮乏。具体来讲，既有研究存在以下不足：

首先，现有解释财务报告欺诈形成原因的相关理论，并不能较好地解释财务报告欺诈与公司治理的关系；

其次，近些年，公司治理在财务报告欺诈形成过程中的作用成为欺诈研究的一个热点，然而现有对于公司治理与财务报告欺诈之间关系的实证研究，仅停留在部分西方学者对内部公司治理机制的考察方面(如 Beasley, 1996; Beasley et al., 2000)，对比较全面(包括内外部公司治理机制)的考察仍然较少；

第三，公司治理结构在不同国家体系中存在差异，如英美系公司治理结构和欧洲大陆系公司治理结构显著不同，而中国公司治理结构又不同于上述两种，在这种情况下，不同国家公司治理与财务报告欺诈之间的关系也会不同，那么，来自美国公司的实证研究结果，便无法解释中国公司的实际情况，因此，针对特定国家(如中国)的公司治理结构的研究，亟待补充；同时，中国目前仍属于新兴经济主体，可以合理推断，中国公司的行为与来自成熟经济主体的美国公司的行为,存在显著不同,因此,需要增加大量新兴经济主体中的公司的实证研究,才能对公司治理与财务报告欺诈之间的关系有全球视野上的认识。

第2章　财务报告欺诈与公司治理的理论框架

上一章通过对以往与财务报告欺诈相关的理论和实证研究的回顾，发现现有研究虽然已对财务报告欺诈的性质、财务报告欺诈形成的理论原因、财务报告欺诈行为的基本特征以及发生财务报告欺诈的公司的基本特征做了较多探讨，但仍存在一定不足，其中一项是现有解释财务报告欺诈形成原因的相关理论，并不能较好地解释财务报告欺诈与公司治理的关系。本章试图构建财务报告欺诈与公司治理之间关系的理论框架，认为欺诈行为人特征、会计信息特征和公司治理结构三方面共同导致了财务欺诈行为，而这三方面中仅公司治理结构在预防和控制欺诈行为中是可控制的因素，以此来解释公司治理对于财务欺诈防范的重要作用。本章在理论探讨中，将重点并详细讨论公司治理各个参与方与财务报告欺诈之间的关系，从而在此基础上展开后续实证研究。

2.1　理论框架的概述

本章从财务报告欺诈行为的主体特征、客体特征和机会条件方面入手，构建新的"欺诈三角"(如图2-1所示)理论。新的"欺诈三角"包括欺诈行为人(主体)、会计信息(客体)和公司治理结构(机会)，其中，欺诈行为人主要是参与欺诈行为的个人，根据以往研究所得结论，上市公司的欺诈行为人通常是高层管理者；会计信息主要是财务报告，其作为公司内部管理者与外部投资者和债权人之间的信息沟通，在投资者和债权人的决策过程中起着重要的作用;公司治理结构属于条件性因素,薄弱的、无效的公司治理会给欺诈行为人提供违法行为的条件,而相反地,强有力的、有效的公司治理应能控制和防范财务欺诈行为。[①]

在这个理论框架中,三方面因素同样是缺一不可,缺少其中一个因素,财务欺诈行为都不会发生。然而,三方面因素中主体特征和客体特征,是很难或几乎不可能被控制或调整的(具体探讨请见 2.2 和 2.3 部分);而机会条件是唯一可以被控制或调整的:设计、建立和实施有效的公司治理结构,可以控制财务报告欺诈的条件性因素。这个理论框架将财务报告欺诈与公司治理直接联系起来,并强调了公司治理的重要作用,同时公司治理结构作为唯一可控因素,也为后续实证考察公司治理结构对财务报告欺诈的影响,奠定了理论基础。

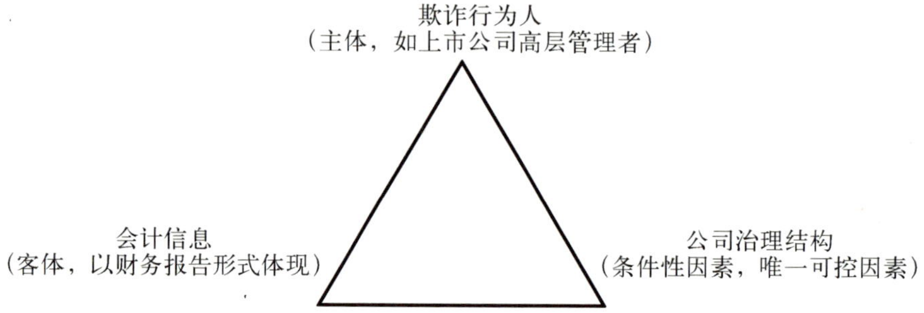

图 2-1　本章理论框架——新"欺诈三角"

2.2　欺诈行为人特征与财务报告欺诈

以往研究(如 COSO 1999 报告)发现,上市公司财务报告欺诈绝大多数是由高层管理者授权或参与的。财务报告本身就是根据现行会计准则

① 胡华夏(2006)认为欺诈个体特征提供了欺诈行为的内在动机;会计信息产权是欺诈行为形成的内在因素之一,公司治理结构失衡是欺诈行为形成的内在因素之二;外部信息需求者、政府监管、审计监督、社会道德约束和经济环境变化是欺诈行为形成的外在因素。本章的理论框架将上述因素整合到一个系统的分析结构中,将财务报告欺诈与公司治理直接联系起来,因为外部独立审计师、监管机构和信息需求者都可看作是广义公司治理结构中的外部治理方。

来反映公司经营成果和财务状况的过程，也就是反映高层管理者工作绩效的过程，因此高层管理者作为参与财务报告过程的直接人，其自身特征会影响财务报告欺诈发生的可能性。近些年，通过财务报告欺诈案例而透视出的公司高管的决策行为，引起较多关注(e. g. Uddin & Gillett, 2002; Carpenter & Reimers, 2005; Gillett & Uddin, 2005;胡华夏,2006 等)。

显然，不同的人有不同的行为，有的人被发现参与了较多或性质较严重的欺诈行为，而有的人则可能“不会”、“不敢”抑或是“不愿意”从事欺诈。由于欺诈行为人是财务报告欺诈的主体，本节首先从其特征入手，考察导致财务报告欺诈的原因。人类行为的形成由两方面因素决定：内在本质和外在刺激或约束(Lewin, 1946)。具有不同认知或品性的人会表现出不同的行为，而接受不同外在刺激或约束的人也会表现出不同的行为，因此，本节分别对这两方面进行探讨分析。

2.2.1　行为人的内在本质

在现有解释财务欺诈行为的理论中，几乎所有理论都认为欺诈行为的起点是人的贪婪、欲望和对自身利益的追求，从而转化成为需求和动机。实际上，在经济学领域，很多理论和模型的前提都认为人的本质是高度理性的，是不断追求自身利益最大化的，也就是说人对自身利益的追求是一致的，是通性。

古典经济学认为人的高度理性体现在，人是以完全追求个人利益为目的而进行经济活动的主体，其都希望以尽可能少的付出，获得最大限度的收获，并有能力对所有结果做出判断。这里面其实包含着两层含义：首先，人是以追求自身利益最大化为目的，最大化是一个极值，这就意味着人的目标应该是唯一的并且相对明确的；其次，人能一直保持理性的选择，因为他有能力对所有结果做出判断，从而一直选择最优，达到最终的利益最大化。然而，在这一前提和逻辑下，财务报告欺诈应该永远不会发生，因为当人有能力对所有结果做出判断时，其会知道从长远来看，财务报告欺诈并不会使其利益最大化，在人不断选择最优的时候，会将财务报告欺诈行为规避掉。因此,追求个人利益最大化本身,并不会导致财务报告欺诈,重点是人的认知是否能够使其一直保持高度理性,作最优的选择。

很明显,在现实世界中,人不可能有能力对所有结果做出理性判断,完美认知是不存在的。西蒙(Simon, 1976)提出人的高度理性是不实际的,在人无法预知环境与结果时,决策本身存在着不确定性,人的理性只能是有限的。在实际企业运营中,由于认知、信息和能力的限制,高层管理者在做决策的过程中,无法得到其利益追求的"最优解",实际上,他们也未必希望得到最优,而常常是寻求"满意解"或是最合理的选择(Tisdell, 1996)。在财务报告过程中,这种认知、信息和能力的限制体现在:高层管理者首先在多大程度上理解实际经济活动或经济现象的本质;其次其对于会计准则如何反映经济活动或经济现象有多大程度的把握;以及其能否对会计信息本身的含义有准确的理解。同时,由于无法对长期结果做出判断,高层管理者在追求利益的时候,会更多关注短期利益,寻求短期最合理的选择。认知、信息和能力的限制,决定了财务报告欺诈存在的客观性。

2.2.2 行为人的外在刺激或约束

人们认知、信息和能力的限制,决定了财务报告欺诈存在的客观性,然而,即便所有人都存在有限的认知,有的人进行了财务欺诈行为,有的人却没有,这是因为人类行为的形成除了由内在本质因素决定,还会受外在刺激或约束影响。普遍意义上,这里的外在刺激或约束包括道德层面的约束、所在组织文化的影响,以及所从事业务规则的限制。

首先,道德层面的约束是最广泛的能影响人们欺诈行为的外在因素,包括道德意识、价值观和教育背景等。虽然人们从本质上不可能拥有绝对的高度理性,但从成长和教育中形成的道德约束,一定程度上有助于规避不合理的行为,道德意识和价值观的形成也可以看作是增加人们判断长期后果的认知的方式。在会计领域,贝克奥伊(Belkaoui, 1995)曾做过研究,实证考察从业人员的价值观对其会计准则理解的影响，发现来自不同认知系统和价值观体系的从业人员，在理解会计具体准则时存在较大差异，而这些显著差异不受从业人员年龄、从业时间和对业务熟悉程度的影响。可推断，当人们处于强调道德行为的社会文化中时，他们会更易于形成一种正直的、端正的决策态度(Courakis, 2001)，从而减少欺诈性行为。可以说，道德层面的约束是最稳定的影响人们行为的因素。

其次，所在组织文化的影响是人们从事社会活动中最易影响其行为的外在因素。西蒙(Simon, 1976)曾指出，人们在具体决策过程中常常会受社会中其他行为人的影响，这种影响往往变成从事某种活动时的固定思维或常用模式，而人们跟随这种固定思维或常用模式并不是有原因的，而仅仅是习惯性的。固定思维或常用模式也不一定是理性的，因为它通常反映的是对于以前情况的判断或预期，未必适用于现在情况。固定思维或常用模式常常存在于组织文化之中，首先，基于沉没成本(sunk costs)的考虑，采取以往模式可以减少成本：当行为人对于一项具体任务应该采取哪种方式不确定的时候，跟随以往模式会避免尝试新模式所引发的额外的时间和努力，从而带来选择优势，这也一定程度上解释了组织创新通常发生在当以往模式不再适用并引起严重后果的特殊时点(a breakeven point)，除此之外，组织的常态多是行为持续性；其次，尝试新模式具有不确定性和风险性，只有在新模式显现出未来的可持续性和竞争性时，尝试新模式的活动才可能被引发；第三，尝试新模式会导致相关参与方的变化和配合的转变以达成新模式的合作，从而增加了磨合成本。组织的这种模式进而文化的持续性，会对其从业人员产生直接影响，组织中众多行为人形成一个团体，长时间彼此沟通、合作、影响。人们不可能孤立存在，而是一直处于这样或那样的组织之中，因此组织文化是人们从事社会活动中接触最多的外在因素。拉特飞(Lotfi, 2003)指出企业组织文化中有四个方面会对会计人员的专业判断产生影响：关联方交易的存在、企业创始者对企业文化的长久影响、在董事会和高管团队中缺少具有 CPA 资格的人员，以及企业过往的违规行为历史。在一个重视公平交易、创始者及高层人员道德意识强烈、董事会和高管团队专业素养较高并且较少发生违规行为的企业中，会计人员必然会提升对自身行为的约束，遵守并适应组织内部规则，这会有效规避财务报告欺诈行为的发生。

第三，所从事业务规则的限制是规范人们行为的具体外在因素。对于财务报告欺诈而言，业务规则的限制是指会计准则的规定。会计准则可以看作是会计信息编码和解码过程的标准，其决定着会计信息是否准确有效地反映了企业的经营成果和财务状况。会计人员遵守会计准则，可以传递给社会公众一个信号：其从事的业务是根据规则的限制，有规可循(Benston, 1982)。如果会计准则的可操作性较低，表达含糊不清，会计人员在执行过程中需要花费较多时间去理解或猜测，那么，利用模糊语义"钻空子"进行财务欺诈的可能性就会增加。此外，会计技术的发展，包括合理的会计处理程序、会计记录和报告流程，也直接决定会计信息质量和可靠性。会计人员的行为体现在其处理、记录和报告活动的过程中，设计充分、规范详尽的会计流程可以使会计人员更有效地生成会计信息，规避一些违规的行为。这也可以解释为什么现有研究发现，涉及较多主观判断和估计的会计方法容易成为财务报告欺诈的主要手段。

综上可见，人的认知、信息和能力的限制，决定了财务报告欺诈存在的客观性，而外在刺激或约束又会影响财务报告欺诈实际发生的可能性。然而，外在刺激或约束在多大程度上能影响一个人，即他的道德意识有多强、组织文化对他影响有多深、他对会计准则和会计规范实际遵守意愿有多浓，这些都是处于主观的范畴，较难被准确判断和控制的。因此，在新的"欺诈三角"理论中，欺诈行为人特征是很难或几乎不可能被控制的因素。

2.3　会计信息特征与财务报告欺诈

在财务报告欺诈中，会计信息是被操纵的事物，也就是这项行为的客体。会计信息以财务报表的形式存在，反映了企业当期和过去的财务状况、经营成果和现金流量。企业内部人员定期提供会计信息给外部利益相关者，减少内部人和外部人之间的信息不对称问题，这个过程又类似于生产者和消费者之间的商品流通。而会计信息又不是普通的商品，其本身没有生产价值，作用仅仅体现在影响特定人群的决策行为上；同时会计信息本身不存在定价问题，对于上市公司而言，其每年披露会计信息给社会公众，许多信息使用者实际上是以“零代价”获取了会计信息。因此，会计信息本身具有特殊性。本节从会计信息的特殊性入手，继而分析其特殊性带来的后果以及与财务报告欺诈的关系。

2.3.1　会计信息的特征

会计信息定期由企业内部人员提供给外部利益相关者，类似于商品在生产者和消费者之间流通。所谓生产者，是希望在生产商品的过程中获取一定的收益；所谓消费者，是通过付出一定代价来获得对某件物品的拥有权或独占权，而这个代价是通过对这件物品价值的评估。可见，会计信息与普通的商品不同，其本身存在着特殊性，体现在：

首先，会计信息以财务报表的形式存在，是一种经济资源，而这种经济资源与物质资源和人力资源是不同的。物质资源和人力资源本身具有生产价值，可以独立存在，他们作为投入投到实际生产过程中，产出是相应的产品和服务，是实实在在的企业价值增加。而会计信息作为一种经济资源，是反映上述资源价值变化的过程(杜兴强，2002)。会计信息本身没有生产价值，其价值仅仅在内部人和外部利益相关者沟通过程中才会出现，即会计信息的价值仅体现在其对于外部利益相关者决策行为的影响(胡华夏，2006)，从而影响企业资源分配。

其次，会计信息本身不存在定价问题。对于一般的商品，消费者会根据对其价值的评估，愿意支付一定的代价来获取其拥有权或独占权。而会计信息的消费者在付出代价方面存在差异：作为企业股东的消费者，其付出代价可体现在对于企业的投资支出；作为债权人，其付出代价可体现在贷款给企业的资金支持；而对于上市公司而言，公司每年披露会计信息给社会公众，许多并非公司股东或债权人的信息使用者实际上是以“零代价”获取了会计信息。同时，会计信息的消费者，无论是否付出代价获取了会计信息，其都不能获取其独占权，在某些企业（如上市公司）中，会计信息是公开的，不存在垄断情况。

由于会计信息具有上述特殊性，其产生价值时会带来特殊的经济后果，在分析会计信息所引发的经济后果之前，需明确以下几方面内容：

（1）会计信息本身虽然没有生产价值，却能影响资源分配。企业有众多利益相关者，当企业在运营中实现产出时，其对于产出的分配是个复杂的过程，尤其是现在大多数企业存在复杂的委托代理关系。而会计信息在这个过程中起着至关重要的作用。一方面，企业资源分配是对净收益的分配，而净收益是通过会计信息反映的；另一方面，虽然会计信息不决定分配的原则，但一旦会计信息发生变化（无论是企业真实产出变化所导致，还是使用不同的会计手段所导致），最终的分配结果都会随之发生变化。

（2）会计信息作为一种信息资源，反映充足的信息却不是完整的信息。会计信息在财务报表中以数字体现，这就意味着只有能够量化的资源才能通过会计信息反映，因此会计信息并不是反映了企业全部的、完整的信息。一个典型的例子是财务报表从来不将企业的人才作为一项资产，主要原因是人才很难被量化。会计信息提供给外部利益相关者决策过程中需要的尽可能充足的信息，实际上对于外部利益相关者（如投资者和债权人）而言，他们也不期望获得企业全部的、完整的信息，而只需要能满足其决策的充足信息，比如投资者更多关注企业盈利能力、投资回报、红利实现等事项，而债权人更多关注企业现金流能否偿还到期债务和每期利息等事项。

（3）会计信息的特殊性会随企业组织形式的不同而不同。当企业是独资形式并且不存在外部债权人时，企业所有权与经营权是统一的，此时会计信息属于企业内部信息，具有垄断性和排他性。当企业是合伙形式时，会计信息同样属于企业内部信息，对外部人来说具有垄断性和排他性，但是合伙人之间是共享的，合伙人可视为通过对企业进行投资付出代价以获得会计信息的知情权。同时，如果企业存在外部贷款，债权人可以通过贷款合同要求企业提供会计信息，债权人可视为通过对企业提供借贷性的资金支持以获得会计信息的知情权，此时会计信息在合伙人和债权人之间是共享的。当企业是非上市公司制形式时，会计信息类似于合伙企业的会计信息，即对外部人具有垄断性和排他性，但是股东之间是共享的。当企业是上市公司时，会计信息便由私人物品变成了公共物品，因为上市公司根据规定需要定期向社会公众披露会计信息，不仅仅是公司股东，与公司不存在关系的其他人也可以获得会计信息的知情权，如果说股东是以投资为代价获得会计信息，那么社会其他人便是以"零代价"获得会计信息，此时的会计信息不再具有排他性。

2.3.2　会计信息的经济后果

由于会计信息具有特殊性，其在产生价值时会带来经济后果，这里我们重点关注与财务报告欺诈有关的经济后果。所谓经济后果，是指会计信息的报告使报告人之外的另一群人或社会受损或受益的情况。例如，就股东和经理层之间的关系而言，当经理层提供真实的或者虚假的会计信息时，股东由于信息不对称问题无法知晓会计信息的真实性，那么会计信息的报告过程便会对股东产生经济后果；就控股股东和中小股东之间的关系而言，当控股股东通过控制权能左右经理层行为时，其可以了解或授权经理层提供真实的或者虚假的会计信息，此时中小股东由于信息不对称问题无法知晓会计信息的真实性，那么会计信息的报告过程便会对控股股东和中小股东产生不同的经济后果。

经济后果可以有正面的经济后果和负面的经济后果。正面的经济后果是指会计信息为第三方或社会带来收益，而受益人不需要支付额外的代价；负面的经济后果是指会计信息导致第三方或社会遭受损失，或将不必要的成本转移给第三方或社会。正面的经济后果和负面的经济后果都有可能导致财务报告欺诈。

会计信息的正面经济后果主要体现在，当企业提供尽可能可靠和相关的会计信息时，其会承担额外的成本，但外部利益相关者不需要为这增加的可靠性和相关性支付额外的代价。企业承担额外的成本包括充分记录的成本、持续培训和教育会计人员的成本、充分审查会计信息的成本，等等。高层管理者在这个过程中，会通过成本效益分析来评估承担额外的成本会带来多少额外的收益，在收益不可观或无法弥补成本的情况下，高层管理者并没有动机报告和披露充分的、可靠的会计信息。而上市公司过多披露信息还会引发“免费搭车者(free rider)”问题。所谓“免费搭车者”是指与上市公司没有直接投资和借贷关系的其他人，不需要付出任何代价便可获得上市公司的会计信息。免费搭车者仅发生在上市公司，因为上市公司会计信息具有公共物品的特征，不具有垄断性和排他性。免费搭车者可以是潜在的投资者，也可以是公司的竞争者。显然，当免费搭车者是竞争者时，充分披露公司信息会使竞争者更多了解公司情况，从而可能使公司在竞争中处于被动的劣势，产生高额竞争成本。在这种情况下，高层管理者不但没有动机充分披露会计信息，还可能隐藏有价值的信息或披露虚假的、不真实的信息。

会计信息的负面经济后果主要体现在，企业外部利益相关者根据会计信息进行决策时做出错误选择而产生损失，但企业不需要承担这部分损失。由于信息不对称的存在，外部利益相关者可能会依据不充分或不真实的会计信息做出错误决策，从而产生损失，同时这些错误决策会影响资本市场的有效运行，产生社会成本。然而，企业却不需要承担和记录这些损失，而是将其转移给外部人和社会。那么，当上市公司高层管理者为实现自身收益而报告虚假会计信息时，其获得了与成本不匹配的额外收益，这构成了财务报告欺诈的动机。信息不对称引发的与此相关的两个主要问题是逆向选择(adverse selection)和道德危机(moral hazard)。上市公司报告虚假会计信息会造成一种“假象”，使外部利益相关者误将“差品”当作“良品”进行投资，当市场上被较多低成本的“差品”充斥着，会逐渐将真正的“良品”驱逐出市场，从而最终导致市场坍塌和瓦解。而这个过程中，高层管理者的道德危机起着非常重要的作用，其和其他内部人出于对于内部信息的绝对掌控优势，容易以此为自身谋利，损害公司长远利益和外部人的合法权益，尤其是当使用一些会计手段进行操纵会计信息时，外部人很难判断道德危机是否存在。可以说信息不对称问题为高层管理者从事财务报告欺诈提供了天然的优势。

综上可见,会计信息本身具有一定的特殊性,而这种特殊性所产生的经济后果,决定了财务报告欺诈存在的客观性。然而,会计信息的特殊性是很难被消除的,其存在的价值赋予了与普通商品不同的特征,而当会计信息存在于上市公司中时,其经济后果的作用又会被放大。因此,在新的“欺诈三角”理论中,会计信息特征也是很难或几乎不可能被控制的因素。

2.4　公司治理结构与财务报告欺诈

随着一些知名公司相继发生财务报告欺诈,近些年,公司治理在识别和防范公司违法行为中的作用逐渐引起关注。公司治理被认为是通过一种机制的建立,来保证特定人员遵从自身职责以尽可能减少代理问题所引发的后果。在本书构建的理论框架中,公司治理结构属于条件性因素,薄弱的、无效的公司治理会给欺诈行为人提供违法行为的条件,而相反地,强有力的、有效的公司治理应能控制和防范财务欺诈行为。同时,与前述欺诈行为人特征和会计信息特征相比,公司治理结构是唯一可控因素。本节重点并详细讨论公司治理各个参与方与财务报告欺诈之间的关系,为后续章节的实证研究奠定理论基础。

2.4.1　公司治理的定义

公司治理的定义存在狭义和广义之分,目前尚未有一个针对公司治理的权威定义。对于狭义的公司治理,威廉姆森(Williamson, 1975)认为其是建立一个包括股东大会、董事会、监事会和高层管理者的治理公司的权利机制。詹森和麦克林(Jensen & Meckling, 1976)指出公司治理的关注点需要落在公司所有者与经理层之间的关系上,应使两方利益尽可能一致。法马和詹森(Fama & Jensen, 1983)认为公司治理应该解决由于所有权和经营权分离而产生的委托代理问题,其主要目的是降低代理成本。雷扎伊(Rezaee, 2005)提出狭义的公司治理仅仅关注高层管理者与董事会和股东之间的关系,其主要站在资金提供者的角度,强调资金提供者对于投资风险的评估、对于投资回报率的预期以及对于投资资本的持续监管。

对于广义的公司治理,布伦纳和科克伦(Brenner & Cochran,1990)指出,基于利益相关者理论(stakeholder theory),公司治理应考虑全部利益相关者的权益,包括股东、债权人、供应商、员工、顾客、监管机构以及社会。雷扎伊(Rezaee, 2002)认为,广义的公司治理应是现有监管制度、法律要求和资本市场规则的结合,其目的是指导和监督公司在吸纳资金、有效运营、创造和增加股东财富过程中的全部事宜,以满足整个社会的期望。

我国对于公司治理具有代表性的定义有吴敬琏、林毅夫、张维迎、李维安和朱长春的观点。吴敬琏(1994)认为公司治理结构是指由所有者、董事会和高级执行人员即高级经理人员三者组成的一种组织结构,要完善公司治理结构,就要明确划分股东、董事会、经理人员各自权力、责任和利益,从而形成三者之间的关系。林毅夫(1997)指出,所谓的公司治理结构,是指所有者对一个企业的经营管理和绩效进行监督和控制的一整套制度安排。张维迎(1999)的观点是,狭义的公司治理结构是指有关公司董事会的功能与结构、股东的权力等方面的制度安排;广义地讲,指有关公司控制权和剩余索取权分配的一整套法律、文化和制度性安排,这些安排决定公司的目标,谁在什么状态下实施控制,如何控制,风险和收益如何在不同企业成员之间分配这样一些问题,并认为广义的公司治理结构是企业所有权安排的具体化。李维安(2001)认为狭义的公司治理,是指所有者对经营者的一种监督与制衡机制,其主要特点是通过股东大会、董事会、监事会及管理层所构成的公司治理结构的内部治理;广义的公司治理则是通过一套包括正式或非正式的内部或外部的制度或机制来协调公司与所有利益相关者(股东、债权人、供应者、雇员、政府、社区)之间的利益关系。朱长春(2014)提出,公司治理,从广义角度理解,是研究企业权力安排的一门科学;从狭义角度上理解,是居于企业所有权层次,研究如何授权给职业经理人并针对职业经理人履行职务行为、行使监管职能的科学。①

2.4.2　中国与欧美国家公司治理结构比较

英美系公司治理结构(Anglo-American corporate governance)是西方成熟资本市场中典型的公司治理结构类型之一。在英美系结构中，股东大会的作用非常薄弱，原因是英美公司通常股东众多，股权较分散，且有相当一部分股东是小股东，仅持有少量股份，其实施治理权的成本很高。因此，英美公司不可能定期或当有重大投资事项时召开股东大会以便决策。在这种情况下，英美公司的股东更多是依靠董事会作为其代表来履行股东的职责。董事会是英美系结构的核心，其在设置上有鲜明的特点。第一，董事会中包含内部董事和外部董事，内部董事通常是公司的高层管理者，其在董事会中的职责是向董事会提供公司的内部信息，因为内部董事参与公司的实际经营活动，对公司具体业务和财务状况更为熟悉，董事会中含有内部董事可以满足对信息的获取；外部董事，也称独立董事，顾名思义是不参与公司日常运营的董事，其主要代表中小股东的权益，在董事会的决策过程中起监督作用。独立董事的设置是英美系公司治理结构的典型特征之一。第二，董事会下设审计委员会，审计委员会被认为是股东权益的最终守护者，对财务报告流程起监督作用，同时协调内部审计与外部审计之间的沟通。现有很多美国学者指出，多数发生财务报告欺诈的公司都没有设立审计委员会，可见其认为审计委员会是防范公司欺诈行为的重要机构。审计委员会的设置是英美系公司治理结构的另一个典型特征。英美系公司治理结构主要参与方包括董事会、审计委员会、高层管理者、内部审计部门、外部独立审计师以及监管机构。

欧洲大陆系公司治理结构(Continental European corporate governance)是西方成熟资本市场中另一种典型的公司治理结构类型。与英美公司不同，欧洲大陆公司，以德国公司为主要代表，主要通过银行进行融资，股权

---

①　信息来源：http://baike.baidu.com/subview/170079/5119339.htm? fr=aladdin.

较为集中,银行常常作为公司大股东而存在。德国政府很早就认识到通过银行来促进经济的增长,起初银行仅仅作为公司债权人,向企业提供借贷性资金,慢慢地,当公司拖欠较多银行贷款时,银行就变成了该公司的大股东。在德国,银行可以自己持有一家公司股份,一般情况下,德国银行持有的股份不超过公司股份总额的10%。欧洲大陆系公司治理结构中不设立独立董事和审计委员会,而是设立监事会。监事会是公司股东、职工利益的代表及监督机构。德国公司法规定,监事会的主要权责包括,一是任命和解聘执行董事,监督执行董事是否按公司章程经营;二是对重要经营事项,如重大投资、融资决策,进行监督,确定其是否符合公司利益;三是审核公司财务信息,并在必要时召集股东大会。德国公司监事会成员一般有比较突出的专业特长和丰富的管理经验,监事会主席由监事会成员选举产生。德国公司的监事会是一个股东能够行使控制与监督权力的实实在在的机构,因为其与董事会平行,并拥有对董事和经理层的聘任权与解雇权,这样无论从形式上还是实质权力上,都保证了股东能够发挥其控制与监督的职能。监事会的设置是欧洲大陆系公司治理结构的典型特征。欧洲大陆系公司治理结构主要参与方包括银行、董事会、监事会、高层管理者、外部独立审计师以及监管机构。

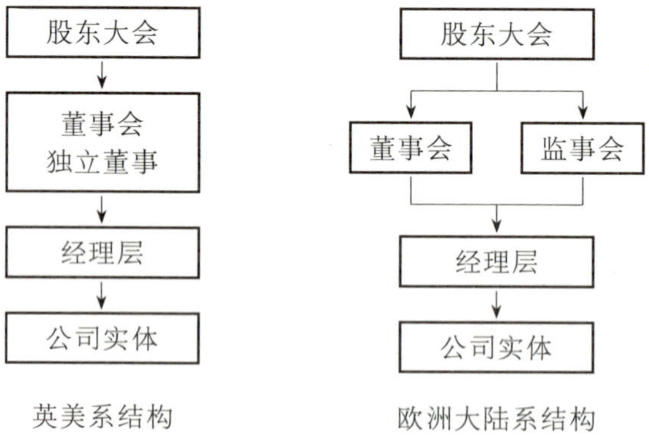

图2-2 欧美国家典型公司治理结构

中国公司治理结构不同于欧美国家的两种典型治理结构,具有自身的特点,可以说中国公司治理结构融合了上述两种治理结构的特征。在中国，股东大会是权力机构，由于股权集中度相对较高，公司可以定期或在发生重大决策事项时提请召开股东大会。在股权集中度方面，中国公司与欧洲大陆公司相似，股权都不是非常分散，但是中国银行和公司之间的关系不像欧洲大陆银行和公司那般紧密，因此银行很少作为公司大股东而存在，这是中国公司与欧洲大陆公司较大的差别。股东大会的代表形成董事会，董事会由三类成员组成：内部执行董事、外部非独立董事和独立董事。所谓内部执行董事，是公司高层管理者，参与日常业务，对内部信息有较多掌握，通常由总经理、财务总监、总会计师等组成；所谓外部非独立董事，是与公司存在关联关系，但是不参与日常业务的人员，通常由大股东委派；而独立董事则是与公司独立的外部人员，与美国公司独立董事相同，对董事会的决策起监督作用。按照中国证监会的要求，上市公司董事会必须设立独立董事。同时，董事会下也设审计委员会，职能与美国公司审计委员会相同，负责监督财务报告过程的全部事宜，并且协调内部审计与外部审计之间的关系。同样，中国证监会要求上市公司必须设立审计委员会。就独立董事和审计委员会而言，中国公司治理结构具有英美系治理结构的特征。此外，中国公司中还设立监事会，监事会与董事会平行，在召开董事会时，监事需列席，并对开会流程等事项是否符合规定发表意见，同时，监事会也可以提请召开临时股东大会。但是中国公司监事会与德国监事会不同之处在于，监事会没有对董事和高层管理者的聘任权和解聘权，监事会更多负责监督流程方面的合规性。可以说，中国公司设立监事会在形式上具有欧洲大陆系治理结构的特征，但是权利配置上存在明显差别。综上可见，中国公司治理结构是融合了西方独立董事、审计委员会、监事会等热门治理机构于一体的特色型结构，如图 2－3 所示。主要参与方包括内部机构：股东大会、董事会、审计委员会、监事会和高层管理者；外部机构：外部独

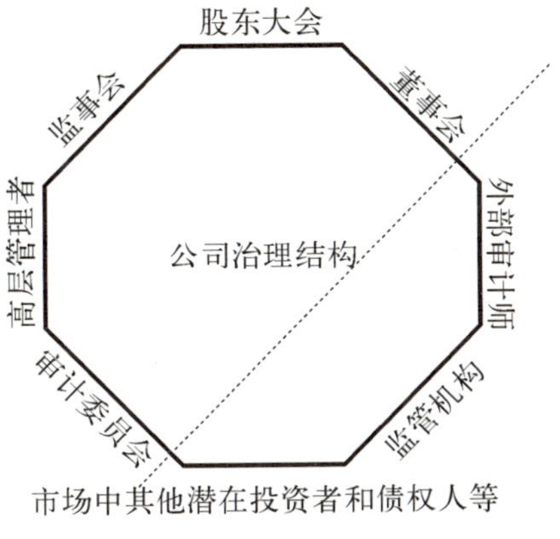

图 2－3　中国上市公司治理结构

立审计师、监管机构及市场中其他可能发挥作用的人员。

2.4.3 公司治理与财务报告欺诈的模型分析

在中国公司治理结构中,高层管理者作为通常授权或参与财务报告欺诈的人员,是被监管者;股东大会、董事会、审计委员会、监事会、外部独立审计师和监管机构,均是承担着各自职能的监管者。公司治理的目的是通过一种机制的建立,来控制被监管者的动机、增强监管者的作用,下面部分主要是构建被监管者的动机和监管者的作用如何影响财务报告欺诈活动的理论模型。

1. 被监管者的动机影响财务报告欺诈

公司高层管理者可能在不存在任何动机的情况下工作,也可能在存在满足自身利益动机的情况下工作,假设高层管理者在不存在任何动机的情况下工作的可能性为 q,那么存在满足自身利益动机的可能性为 $(1-q)$。高层管理者因外部因素而增加其对自身利益追求的可能性为 q_i。由于高层管理者与公司利益的不完全一致性,高层管理者存在动机时的行为成本 C_y 高于不存在动机时的行为成本 C_n,假设不存在动机时的行为成本为 1,那么 $C_y>1$。高层管理者不存在动机时公司利润为 P_n,存在动机时公司利润为 P_y,在存在动机时高层管理者从事财务报告欺诈活动后利润变为 P_{yf},则 $P_{yf}=P_y+\Delta P$,其中 ΔP 为从事财务报告欺诈活动所带来的利润变化。那么,高层管理者从事财务报告欺诈活动所产生的利润,会随其行为成本的增加而增加,即 $\frac{d\Delta P}{dC_y}>0$,则 $\frac{d(P_{yf}-P_y)}{dC_y}>0$。

高层管理者在不从事财务报告欺诈活动时的利润可预期为:

$$E(P)=(q-q_i)\,P_n+(1-q+q_i)\,P_y \tag{2.1}$$

考虑到高层管理者会优先利用既有资源满足自身利益,那么,与上一期相比,既有资源能满足高层管理者需求的可能性会下降 q_r,此时高层管理者从事财务报告欺诈活动的利润则预期为:

$$E(P_f)=(q-q_i-q_r)P_{nf}+(1-q+q_i+q_r)P_{yf} \tag{2.2}$$

高层管理者从事财务报告欺诈活动产生的利润差额为(2.2)式减(2.1)式：

$$\begin{aligned}D&=E(P_f)-E(P)\\&=(q-q_i)(P_{nf}-P_n)+(1-q+q_i)(P_{yf}-P_y)+q_r(P_{yf}-P_{nf})\end{aligned} \tag{2.3}$$

那么，只有当 $D>0$ 时，高层管理者才会选择从事财务报告欺诈活动。通过对 q_i 和 C_y 求导可得到：

$$\frac{d^2D}{dq_idC_y}=\frac{d(P_{yf}-P_y)}{dC_y}>0 \tag{2.4}$$

说明高层管理者拥有满足自身利益动机时，其更可能从事财务报告欺诈活动。

2. 监管者的作用影响财务报告欺诈

监管对于被监管者来说，其作用主要体现在被监管者会由于违规成本的出现而减少不规范行为。假设被监管者因不规范行为而导致利益损失的可能性为 q_s，那么高层管理者不存在任何动机而工作的可能性变为 $(q+q_s)$，存在满足自身利益动机的可能性变为 $(1-q-q_s)$。高层管理者在处于监管状态下从事财务报告欺诈活动所带来的利润变化为 ΔP，那么 $P_{yf}=P_y+\Delta P$。由于高层管理者需承担潜在的违规成本，因此其从事财务报告欺诈活动所需要产生的利润更多，并且利润会随其行为成本的增加而增加，即 $\frac{d\Delta P}{dC_y}>0$，则 $\frac{d(P_{yf}-P_y)}{dC_y}>0$。

同样地，高层管理者在不从事财务报告欺诈活动时的利润可预期为：

$$E(P)=(q+q_s)P_n+(1-q-q_s)P_y \tag{2.5}$$

考虑到高层管理者会优先利用既有资源满足自身利益，那么，与上一期相比，既有资源能满足高层管理者需求的可能性会下降 q_r，此时高层管理者从事财务报告欺诈活动的利润则预期为：

$$E(P_f)=(q+q_s-q_r)P_{nf}+(1-q-q_s+q_r)P_{yf} \tag{2.6}$$

高层管理者从事财务报告欺诈活动产生的利润差额为(2.6)式减(2.5)式：

$$D = E(P_f) - E(P)$$
$$= (q + q_s)(P_{nf} - P_n) + (1 - q - q_s)(P_{yf} - P_y) + q_r(P_{yf} - P_{nf}) \quad (2.7)$$

那么，只有当 $D>0$ 时，高层管理者才会选择从事财务报告欺诈活动。通过对 q_s 和 C_y 求导可得到：

$$\frac{d^2 D}{dq_s d\mathrm{C_y}} = \frac{-\mathrm{d}(\mathrm{P_{yf}} - \mathrm{P_y})}{\mathrm{dC_y}} < 0 \quad (2.8)$$

说明监管者对高层管理者进行监管，可以抑制其从事财务报告欺诈活动。

综上可见，被监管者的动机和监管者的作用会影响企业财务报告欺诈活动，那么，公司治理作为控制被监管者的动机和增强监管者的作用的一种机制，应能防范和减少公司的财务欺诈行为。随后的章节中，笔者将针对每个公司治理参与方(包括内部机构和外部机构)，详细分析其可能会影响被监管者的动机和监管者的作用的因素，进而分析其与财务报告欺诈的关系。

2.4.4 股东大会与财务报告欺诈

股东大会是中国上市公司权力机构，由全体股东或股东代表组成。股东大会能否发挥作用，有效实施其对于财务报告过程的监督管理职能，股权的类型和股权集中度两个方面起重要作用。股权的类型是指来自不同背景的股东及其持股比例，英格和马克(Eng & Mak, 2003)曾发现，股东的背景与公司自愿性信息披露存在显著关联关系，即会影响公司的信息披露意愿和程度。在中国，上市公司的一个显著特征是国有机构持有股份占较大份额。股权集中度是指股东数量以及持有股份的集中程度，中国上市公司在这方面与英美公司差异较大，英美公司股东数量较多，股权较分散，而中国上市公司的股权集中度较大，甚至存在“一股独大”的现象。王咏梅

(2003)曾指出，股权集中度较高会对公司自愿披露其财务信息存在负面影响。下面本节详细探讨股权的类型和股权集中度与财务报告欺诈之间的关系。

1. 股权的类型

中国上市公司股权的类型主要包括国有股权、法人股权和社会公众股权。其中，国有股权是指代表国家投资的机构以国有资产向公司进行投资形成的股权。国有股权占有较大份额是中国上市公司的一个典型特征，这是历史遗留问题所导致的。中国资本市场建立较晚，大部分股份制企业都是由原国有大中型企业改制而来的，因此国有股份在公司股权中占有较大比重。同时，中国的改制一直是谨慎、摸索着进行，不同于一些国家"Big Bang"式的爆炸性改革，在改制过程中，为巩固公有制的主体地位，国家通过控股的方式，仍保证企业的控制权并掌握其资源，以使虽然多种经济成分并存于一个企业之中，国家仍处于主导地位。国有股占较大份额是现阶段中国发展的特色，其存在具有一定合理性和必然性，然而，这也在公司运营中引发了一些问题。国有股权是以国有资产向公司进行投资形成的，所谓国有资产，顾名思义是国家的资产、全民的资产，即这部分资产归全体人民所有，一定程度上全体人民都算是公司的股东。这种情况会导致两种问题的出现：一是"所有者缺失"问题，二是监管上的"免费搭车者"问题。当全体人民都算是公司的股东，到底谁来履行股东的职责便变得模糊，目前代表国家投资的机构被认为是履行股东职责的责任体，但其毕竟不是拿自己的财产去做投资，在真正监管国有资产是否得以保值或增值时，难免出现动力不足的情况，可以说代表国家投资的机构本身就是"代理人(agent)"，只要是代理人，便会存在代理问题(agent problem)，这就是实际上的"所有者缺失"，而这会直接影响其作为股份身份监管公司高层管理者行为的有效性，给高层管理者从事财务欺诈行为留下空间。同时，当全体人民都是公司的股东时，"我不管自会有人管"的想法会导致监管上的"免费搭车者"，每个人由于高昂的监管成本，不可能亲自履行股东的职责，其会在指望国家部门进行监管的过程中采取免费搭车行为。可见，较大份额的国有股权可能会使公司高层管理者拥有欺诈行为的空间。

法人股权指企业法人或具有法人资格的事业单位和社会团体以其资产向公司投资所形成的股份。法人股权一般具有长期性,即法人股东持有公司股份较多是以获得定期投资收益和红利、追求多元化经营模式,以及扩大企业规模等为目的。在长期持有过程中,法人股东会更多关注公司的长远发展,因此,其应有较多动机参与对公司事务和高层管理者行为的监管。可见,当股东的背景是法人时,其应该会较好地发挥股东的监督职能,有动机控制和限制高层管理者的不当行为,从而防范财务报告欺诈的发生。

社会公众股指中国境内个人和机构以其资产向公司投资所形成的股份。在中国,社会公众股东大多是个人,机构投资者较少。对于个人股东来说,他们出于高昂成本的考虑,不会定期参加股东大会或履行股东的一些职责,在不参加股东大会的情况下,他们会选择放弃投票权,当然,即便是他们参加,过低的股权份额也使得他们无法通过投票实现自己的意愿,因此大部分个人股东选择缺席股东大会。实际上个人股东是最关心公司业绩的一部分群体,其自身的脆弱性使得若公司被发现财务欺诈行为而遭受损失时,个人股东往往承受最惨重的伤害。由于个人股东是较为弱势的群体,其不能在股东大会上影响公司高层管理者的决策行为,而仅仅能以"用脚投票"来发挥其作用,即在流通环节通过出售或者拒绝购买公司股份来表达意愿。若很多个人股东不愿意持有公司股份,这势必会影响公司在资本市场的股价以及融资情况,为此,公司高层管理者会采取积极的行动以重新获取个人股东的信心和信任,那么,较多比例的社会公众股一定程度上应能限制公司高层管理者的不当行为。

曾经,中国国有股和法人股是不能上市流通的,只能在法律许可的范围内,经主管部门同意进行协议转让,而可以上市流通的仅仅是社会公众股,这也是社会公众股能通过影响股价来影响高层管理者行为的原因。"流通股"和"非流通股"的同时存在,形成了"股权分置状态下不同股不同价不同权"的市场制度与结构。曾经,中国股市上有三分之二的股权不能流通,股权分置问题被认为是困扰资本市场发展的头号难题。股权分置引发最重要的问题是股东之间的矛盾,国有股和法人股占有公司股份,但却不是通过市场交易而获得的，在公司上市后，社会公众股以二级市场较高的价格取得公司股份，使得国有股、法人股与社会公众股在完全不同取得成本的情况下，享受同等分配股份的权利，而这股份的权利与决策权、收入分配权直接挂钩。同时，当国有股和法人股不能在资本市场流通时，其不会过多关注公司股价，因此在影响公司决策过程中不会过多关注份额较少的社会公众股的利益。股权分置问题在导致股东之间严重不公平的同时，阻碍了资本市场的深化改革与发展。介于此，中国自 2005 年开始推行“股权分置改革”政策，在这个过程中，通过国有股减持、流通股比例逐渐增加来解决这种市场结构不合理的问题。表 2－1 列示了股权分置改革之前和股权分置改革初期中国上市公司的股东结构。可以看出，在改革之前，上市公司中国有股份占最大份额，都在 40％以上，2005 年开始，国有股份逐渐下降到 31.04％和 20.10％；法人股在上市公司中的整体份额一直不高；而社会公众股占有约三分之一的份额，但这个额度呈现上升趋势。

表 2－1　股权分置改革之前和改革初期中国上市公司股东结构　单位：十亿

类　型	2001 年	2002 年	2003 年	2004 年	2005 年	2006 年
国有股(％)	241.06 (46.20)	277.34 (47.20)	304.65 (47.39)	668.84 (42.71)	333.80 (31.04)	381.90 (20.10)
法人股(％)	95.42 (18.29)	101.75 (17.32)	106.89 (16.63)	376.31 (24.03)	265.52 (24.69)	305.65 (16.08)
社会公众股(％)	181.32 (34.75)	203.69 (34.67)	226.77 (35.28)	515.44 (32.92)	434.04 (40.37)	748.79 (39.41)

注：信息来源：中国证监会网站(http：//www.csrc.gov.cn)；表中国有股、法人股和社会公众股所占比例之和不是 100％，是因为这个时期上市公司还有部分其他类型的非流通股(如内资及外资法人股、发起自然人股等)。

2．**股权集中度**

一个公司股权集中程度的衡量方法有多种。如果按照第一大股东持股与全部股份之比来衡量，当这个比例超过 50％时，可认为是股权集中度较高；当这个比例低于 20％时，可认为是股权集中度较低，即股权较为分散(陈国欣、吕占甲和何峰，2007)。股权集中度较高或较低，可能会导致不同问题的出现，从而引发财务报告欺诈的发生。当股权集中度较低时，即公司的股东数量较多并且股权在各股东之间较分散，股东和经理层之间的信息不对称(information asymmetry)问题较为明显，由于股东无法实际参与到公司的运营之中，信息不对称便可能会引发道德危机(moral hazard)和逆向选择(adverse selection)等问题；同时，较为分散的股权还会在股东之间产生免费搭车者(free rider)问题，即每个股东持股数量均不多，其不愿意花费较高的监管成本去监督公司运营，而是期望在其他股东监督的过程中免费受益，这便会导致股东对经理层的监管出现真空状态，而上述现象都会给经理层从事财务欺诈活动以满足自身利益创造机会。当股权集中度较高时，即公司的部分股东持有较多股份，这在一定程度上可以缓解信息不对称问题，因为大股东通常会积极参与公司运营，从而获得较多内部信息。然而，过高的股权集中度会引发其他问题，大股东持有公司较多股份的目的可能来自对自身资源的整合、规模扩张、多元化经营等，这可能与中小股东持股的目的不完全一致，那么，当大股东以其持股的绝对优势控制了股东大会和董事会的行为，使公司决策尽可能满足其自身的利益，这便可能会损害中小股东的利益，而当公司业绩不能满足大股东需要的时候，大股东有可能授意经理层从事欺诈活动以达到其目的。可见，股权集中度过高或过低都会存在问题，过低的股权集中度容易引发股东和经理层之间利益不一致的问题，而过高的股权集中度容易引发大股东和中小股东之间利益不一致的问题，同时这些问题都可能会导致公司的财务报告欺诈行为。

2.4.5 董事会与财务报告欺诈

董事会作为股东的直接代表，是公司治理中非常重要的一个机构。法马(Fama, 1980)强调董事会处于监管高层管理者行为的核心位置。雷扎伊(Rezaee, 2002)认为有效并勤勉的董事会有助于防范并识别财务报告欺诈行为。在理论上，董事会的职能和作用已被广泛探讨和认可，而实际运营中，董事会作用的发挥会受董事会规模、董事的组成结构以及董事长职责几个因素的影响。

1. **董事会规模**

董事会的规模可能会影响董事会监督作用的发挥，现有理论及研究指出，过大或过小规模的董事会，都不利于充分发挥其职能和作用。组织理论认为，当一个组织规模较大时，其需要较多时间和精力来进行决策，因为规模一定程度上可以被看作是复杂性的代表，规模较大的组织会由于缺少充分的沟通和合作而延长达成统一意见的时间。詹森(Jensen, 1993)指出，规模相对较小的董事会应更易于发挥监管职能，如果董事会中董事的数量超过 7 或 8 个，董事会则很容易变得拖沓并被高层管理者所控制。可以说，当董事会规模较大时，其运作效率会受到影响，从而给公司内部不合法行为制造空间。然而，董事会规模过小，也存在一定的弊端。当董事数量不多时，其可能无法提供充足的、专业的服务，同时董事承担过多的工作负担也会影响其服务质量。如果说董事会规模过大会影响其运作效率，那么董事会规模过小便会影响其运作效果。詹森和墨菲(Jensen & Murphy, 1990)认为 9 个成员是董事会比较理想的规模。但是这也取决于公司规模的大小。吕长江和王力斌(2005)发现，2002 年中国上市公司董事会规模平均为 10 人，但是内部差异较大，最小人数为 5 人，而最大人数为 19 人，同时他们发现对于中国上市公司而言，当董事会规模小于 10 人时，董事会的作用明显下降。

2. **董事会的组成结构**

董事会通常由内部董事和外部董事组成，其中，内部董事主要为参与公司实际运营的人员，能够获得公司内部信息，从而为董事会提供信息渠道，减少董事会与公司之间的信息不对称，如高层管理者；而外部董事主要为来自公司外部、能较为独立客观监督公司决策过程的人员，如独立董事。法马(Fama, 1980)和威廉姆森(Williamson, 1983)指出，当董事会被内部董事所控制时，其会导致共谋串通的现象，使股东财富流失。菲希和什达萨尼(Fich & Shivdasani, 2007)发现，当一个公司被发现财务欺诈行为并遭到诉讼时，公司的外部董事可能不会立刻被解雇，但是他们在其他公司董事会中任职的机会明显减少。在外部董事中，独立董事被认为是保护中小股东和投资者利益的重要机制，因为独立董事与公司和高层管理者没有直接的经济利益往来，他们更易于客观、公正的发挥监管职能。同时，独立董事为了保持并提升自己在人力资源市场中作为决策控制专家的名誉，他们也有动机好好工作，以防止被监管的公司出现不合法的行为。法马和詹森(Fama & Jensen, 1983)指出独立董事所在的人力资源市场有助于提供衡量其工作绩效的判断标准(benchmark)，帮助独立董事维持并提升工作效果。罗森斯坦和怀亚特(Rosenstein & Wyatt, 1990)发现近些年美国公司董事会中独立董事比例逐渐增加，主要原因是投资者将对独立董事的价值积极反映到公司股价之中，股价的上升增加公司设立独立董事的动机。

中国引入独立董事制度相对较晚，据证监会披露，2001 年以前中国上市公司独立董事比例低于 5%。为了提升独立董事对于公司监管的作用，2001 年中国证监会(CSRC)要求全部上市公司建立独立董事制度，并且到 2003 年 6 月 30 日，上市公司董事会中独立董事所占比例不能低于三分之一。针对证监会这一规定，张潇(2007)发现，截止到 2003 年，中国全部上市公司按照规定设立了独立董事。笔者通过收集 2008 年独立董事信息，发现仍有部分公司独立董事人数为 0，并且仅仅一半(50.63%)的上市公司董事会成员中超过三分之一是独立董事。

3. 董事长职责

董事长与总经理职责不同，董事长负责组织、领导董事会，而总经理主管公司实际运营。按照委托代理理论，董事长和总经理属于监管和被监管的角色。然而，现实中很多公司董事长和总经理由同一个人担任，即监管和被监管职责集于一身，自己监管自己。这种情况容易导致董事会被内部人所控制，无法有效发挥监管职能，进而给财务欺诈行为留下空间。莫尔兹(Molz, 1988)认为董事长和总经理由同一个人担任的公司，更容易在财务报表中披露虚假信息；西蒙和王家顺(Simon & Wong, 2001)通过实证考察发现当公司董事长和总经理由同一个人担任时，其自愿性信息披露的程度低于其他公司，但是差异并不显著。笔者通过收集 2008 年中国上市公司董事长和总经理信息，发现 44.68%的公司存在董事长和总经理由同一个人担任的情况，即接近一半的中国上市公司，其董事会被高层管理者控制着。

2.4.6　审计委员会与财务报告欺诈

审计委员会是董事会下设的专业委员会，其在公司治理结构中主要负责内部审计和外部审计之间的有效沟通、监督内部控制的效率和效果以及防范财务报告过程中的任何不合规行为。独立董事和审计委员会制度，作为英美系治理结构的典型代表，也存在于中国公司治理结构中。审计委员会职能是否能有效发挥，取决于其与公司治理中其他参与方的关系，如董事会、高层管理者、内部审计、外部审计等。审计委员会由董事会设立，说明其职能和规则是由董事会制定和认可的，审计委员会的一个重要职能是监督和控制财务报告过程以保证会计信息的质量和真实性，因此审计委员会必须与高层管理者保持独立，并且需要与内部审计和外部审计建立紧密的工作关系，这样才能保证其监督职能和促进沟通的作用(Menon & Williams, 1994; Abbott et al., 2004; Persons, 2009)。对于外部审计而言，审计委员会作为公司内部机构，能获得公司财务状况和会计流程的内部有价值信息，帮助外部审计更好地实施审计工作；同时审计委员会通过内部审计和外部审计的沟通，也可以发现外部审计不认可和质疑的事项，便于识别公司可能存在的“红旗标志”，防范欺诈行为。

审计委员会制度在西方国家发展相对成熟，西方很多报告(如美国证券监督管理委员会、美国 Treadway 委员会等)论述了审计委员会作为公司治理结构中重要角色的意义，并提供了委员会职能和责任的相关建议。托比(Toby S. F. Bishop, 2000)针对审计委员会在财务欺诈和公司治理中的作用提出了较为详细的建议，如下所示：

(1) 评价高层管理者对于公司财务风险存在可能性和重要性的评估，尤其是来自满足盈余预期的压力；

(2) 评价高层管理者实施的针对任何欺诈风险的内部控制措施；

(3) 评价内部审计对于欺诈控制措施的有效性；

(4) 保证公司定期使用研究性工具衡量总经理在创造正直、健康的公司环境中的作用和努力；

(5) 保证高层管理者对于任何财务欺诈行为的零容忍度，持续评估高层管理者的正直度，即便是小小的谎言也不能接受；

(6) 保证内部审计人员能够直接地、坦率地向审计委员会进行报告，并有充足的资源完成国际水平的工作；

(7) 保证内部审计人员使用最新的技术持续控制财务报告过程和其他欺诈行为；

(8) 使外部独立审计和反欺诈专家能够评价上述项目的成果。

2002 年，中国证券监督管理委员会(CSRC)要求上市公司建立审计委员会制度，并提出了审计委员会的核心职能：建议聘任或解聘会计师事务所、监管内部审计系统、协调内部审计与外部审计之间的沟通、监督财务报告过程和会计信息披露以及监管内部控制系统的有效性和充分性。虽然对于中国上市公司设立审计委员会已经发布了一些大的指导方针，但对于审计委员会详细具体的责任安排、评估委员会的工作以及如果工作效率低下如何对其进行惩罚等规则，仍然不够完善。中国上市公司对于审计委员会制度，在摸索着进行，很多中国学者(如张斌，2007)从理论上探讨设立审计委员会的重要意义，并建议审计委员会机制应在中国公司治理中发挥重要作用，以保证上市公司会计信息质量和决策有用性。

2.4.7 监事会与财务报告欺诈

中国上市公司被要求建立独立董事制度的同时，也设立监事会。由于股东和经理层之间存在委托代理关系，股东大会和董事会之间也存在委托代理关系，为了防止董事会、高层经理人员滥用职权，损害公司和股东利益，需要设立专门监督机关，代表股东大会行使监督职能，监事会就在这样的背景下应运而生。监事会作为中国公司治理结构中重要的组成部分，监督公司运营的效率和效果。监事会由股东大会领导，是公司的常设监察机构。监事会与董事会平行地存在，独立行使对董事会、高层管理者以及整个公司管理的监督权。监事通常由股东代表、职工代表或外部专业人士担任，为了保证监事会和监事的独立性，法律要求监事不得兼任董事和经理。

监事会对公司经营管理进行全面监督的职责包括以下几方面,第一,调查和审查公司的业务状况和财务情况,以保证提供的会计信息在决策制定过程中的有用性、可信性和透明性;第二,确保公司治理的合理性,必要时可提议召开临时股东大会;第三,定期参加董事会并发表意见,对董事、经理执行公司职务时违反法律、法规或者公司章程的行为进行监督,并向股东大会提供报告;第四,当董事和经理的行为损害公司利益时,要求董事和经理予以纠正,并提出相应的惩罚或罢免建议。同时,监事会需警惕财务报告过程中出现的"红旗"标志,例如过多的关联方交易、不正常的投资或融资行为等,因为"红旗"标志可能预示着公司的异常情况,在存在异常情况时,公司运营容易出现机会主义行为,进而为不合规行为创造空间。

可见,理论上监事会的有效运行应能防范公司财务报告欺诈的发生。然而,相比于欧洲大陆治理结构体系中的监事会,中国监事会有其存在的特别性。中国上市公司的一个典型特征是股权集中度较高,个别公司存在"一股独大"的现象。在大股东拥有绝对权力的情况下,其可能会实际控制董事会的运行,也控制监事会的运行,因为大股东在董事会中有绝对的投票优势,可以影响董事会的决策,并且在监事和监事会主席任命方面也有较高的话语权。这种情况可能带来优势,也可能产生弊端。一方面,大股东的绝对控制和深入参与可以减少股东和经理层之间的信息不对称,使股东获得较多内部信息,而大股东与监事会之间的紧密关系,可使得监事会可以随时向大股东报告公司运营中存在的问题,在监管中存在实际权力。而另一方面,这也可能产生新的利益冲突问题,即大股东和中小股东之间的利益冲突,由于大股东和中小股东持有公司股份的目的可能不完全一致,大股东的绝对控制可能会实现了自身利益却损害了中小股东的利益,而此时,董事会和监事会都在大股东的控制之下,中小股东的利益无法得到保障。可以说,中国现行的监事会制度,有助于抑制经理层的财务报告欺诈行为,但较难抑制大股东授意下的公司财务报告欺诈行为。而监事会能否产生作用,可能更多取决于其与股东之间的关系,监事会自身的一些特征(如规模、监事构成等)作用则较弱。张潇(2007)曾通过数据调查发现,在2000年中国上市公司中约有88%的监事列席过公司董事会,但

90%没有给予任何意见;62%的监事审查过公司的财务状况,仅11%发现了其中一些错误或不合规行为;30%的监事履行了其应履行的职责,而其他大部分监事仅是形式上存在。

2.4.8 高管人员与财务报告欺诈

高层管理者在公司治理结构中属于内部治理方,其也被通常认为是被监管方,因为高层管理者对财务报告的真实性、准确性和会计信息质量负主要责任,其他参与方(如董事会、监事会、审计委员会等)则负监督责任。高层管理者的职责主要体现在设计和实施公司战略、管理公司资源的有效使用、指导实际运营活动、保护资产和资金的安全,以实现股东利益的增加。为了这些职责的有效实施,高层管理者需要设计和应用合理的会计系统来提供透明的、可靠的财务报告,建立并维持充足有效的内部控制来实现对公司的控制目的,以及遵守相应的法律法规(Karpoff et al., 2008)。可见,高层管理者是财务报告的主要提供者和责任人。公司治理结构中包含高层管理者,并不是意味着其自己治理自己,而是公司治理作为一种机制,需要针对高层管理者本身设置一些刺激或约束,以规范其行为,其他参与方更多是提供外部监督的保障。

1. 高层管理者的权利

董事会任命经理层来管理公司具体经营运作和财务状况,尽管经理层的工作目的是为了创造和增加股东价值,其也倾向于在实际管理工作中争取更多的权利以发挥其管理能力。布莱克(Black, 2005)指出,公司欺诈类活动中产生损失最大的通常是经理层利用自身便利条件侵害投资者和公司利益的欺诈行为。当经理层拥有过多权利时,其利用机会主义行为授权或参与欺诈的可能性就会增加。而总经理同时担任董事长这种情况,便是经理层拥有过多权利的一个典型例子。当一个公司的总经理同时担任董事长时,其能决定董事会的成员构成并减少董事会的独立性。帕顿和贝克(Patton & Baker, 1987)指出,总经理拥有较多权利会使得外部董事有动机与经理层建立关联,因为他们会在意自己在董事会中的位置。詹森

(Jensen, 1993)认为董事长和总经理由同一个人担任易使董事会被内部人所控制,从而妨碍外部董事获取公司内部信息并监督管理层的工作。正如前所述,董事长与总经理职责不同,董事长负责组织、领导董事会,并参与对总经理的评估、聘任及解聘过程。按照委托代理理论,董事长和总经理属于监管和被监管的角色。董事长和总经理由同一个人担任,即监管和被监管职责集于一身,自己监管自己。这种情况容易导致董事会无法有效发挥监管职能,进而给财务欺诈行为留下空间。此外,何麦林和魏斯巴赫(Hermalin & Weisbach, 1998)还发现,新任的总经理通常拥有较少的权利,随着任职时间的增加,其会争取到更多的权利。如前面所示,笔者通过收集 2008 年中国上市公司董事长和总经理信息,发现 44.68%的公司存在董事长和总经理由同一个人担任的情况,即接近一半的中国上市公司,其董事会被高层管理者控制着。

2. 高层管理者持有公司股票

高层管理者持有公司股票最早起源于美国发达资本市场,其被作为激励高层管理者工作的一种手段。根据代理理论,只要高层管理者持有少于100%的公司股票,其就会存在浪费、滥用或转移公司资源的动机,即所谓的道德危机。詹森和墨菲(Jensen & Murphy, 1990)和比斯利(Beasley, 1996)指出,当高层管理者持有较少公司股票时,其与公司的财务利益关联较小,那么便存在较大动机通过牺牲股东和公司的利益来满足自身利益需求。而高层管理者持有较多公司股票,可以一定程度上缓解其与股东之间的利益不一致问题,进而更愿意增加股东财富价值。因此,高层管理者持有公司股票可以作为避免其利己行为的一种控制手段。

然而,高层管理者持有公司股票这种手段,并不是只会带来益处,它常被称为是一把"双刃剑"。一方面,高层管理者持有公司股票可以增加其与股东利益的一致性,从而激励其更好地工作以增加公司和股东财富,如果股东对经理层工作不满意,他们至少可以通过卖股票的方式来表达不满,因为股票价格下降会使经理层同时遭受损失。雷扎伊(Rezaee, 2002)指出股东出售股票会对高层管理者产生两方面的影响,首先当高层管理者持有较多股份时,低的股票价格会直接影响高层管理者的经济利益;其次,当股价持续走低时，公司极易成为被并购的对象，一旦公司被并购，高层管理者会面临被更换的风险。而另一方面，就近些年大公司（如安然、世界通等）爆发出的财务欺诈行为来看，高层管理者持有公司股票又被认为是财务欺诈的罪魁祸首（Sen，2007）。同样地，发生在中国上市公司的财务欺诈，如银广夏、东方电子、郑百文等，也主要是来自经理层的欺诈活动。前面提及，当高层管理者持有公司股票时，股票价格波动会对其产生影响，这会刺激高层管理者更好地工作来增加公司和股东利益，但同时也会增加高层管理者操纵股票价格的动机。高层管理者利用各种手段维持或提升公司股票价格，会使其直接受益，财务欺诈行为便是手段之一，而财务欺诈行为的成本主要来自被发现后的违规成本。如果公司的治理效率较低导致欺诈被发现的可能性较小，或欺诈被发现后的违规成本较低，那么，对于功利的经济人来说，在收益远大于成本的情况下，其极有可能选择财务欺诈手段。因此，高层管理者持有公司股票，是利弊共存的一种机制。在中国，高层管理者持有公司股票的情况并不普遍。

2.4.9 外部审计师与财务报告欺诈

在公司内部治理结构建立之前和初期，外部审计师一直被认为是公司治理中最重要的角色。所有上市公司的财务报表，须经过外部审计师审计，确保其不存在重大错误和欺诈后，才能披露给投资者。经审计的财务报表一定程度上增加了投资者对其质量保证的信心。传统意义上，财务报告使用者认为外部审计师对发现公司财务报告欺诈行为负主要责任。实际上，外部审计师主要为财务报表是否进行了公允表达、是否遵守了相关会计准则发表意见，虽然外部审计师应保证财务报表没有因重大欺诈行为而非公允地表达，其却很难发现公司全部欺诈行为。审计准则规定了上述审计师的责任，以帮助审计师规避不必要的诉讼，然而，一旦上市公司被发现从事财务报告欺诈，审计师的有效性以及审计效率便会遭受质疑，即便审计师完全按照审计准则的要求操作，其也会受到牵连（Alleyne & Howard，2005）。本书认可外部审计师在识别和发现财务报告欺诈中的重要作用,但仍提请读者注意,提供真实可靠的财务报告是公司高层管理者的主要责任,其他监督方都只有监督职能。

1. 审计本身的特殊性

外部审计师对上市公司财务报表进行审计,形成审计报告。就审计报告的属性来看,其属于公共物品的范畴,即其不存在排他性和竞争性。一旦审计报告被发布,资本市场上的公司股东、投资者、债权人、竞争者等,都可以享有审计报告的信息。任何一个人享有审计报告信息,都不会减少其他人享有信息的可能性,并且所有享有者都不需要为信息获取付出代价。同时,由于财务报表审计需要评估被审计公司的财务状况、经营成果的公允性、会计系统的一致性,并对这些是否存在影响报表使用者决策过程的重大事项发表意见,审计报告信息一经发布便会产生经济后果。审计报告的意见类型会直接影响外部人士对于公司价值的判断,公正的审计报告会有助于外部人作出正确的投资决策,而偏颇的、不准确的审计报告则会误导外部人的决策判断。在本身属性和产生经济后果这点上,审计报告与上市公司的会计信息类似。

然而,外部审计师提供服务是依托会计师事务所的运营。会计师事务所本身是企业,其具有和其他企业一样追求利润的性质,而问题就在于,审计师提供的审计报告是公共物品,审计报告服务的收益从何而来。目前,财务审计的收益来自被审计单位,即审计师对被审计单位进行审查评估并发表审计意见,同时又从被审计单位取得审计收益。那么,为什么审计师的收益不能来自股东或是财政资金呢?股东委托审计师对公司进行审计,审计报告具有公共物品的特质,由股东或是财政资金提供审计费用,具有一定合理性。然而,在现实中,这却很难实现。首先,理论上审计师是受股东委托进行审计工作,但上市公司股东随时都在变化,最终收取审计费用时,无法确定该向哪些股东收取;其次,审计报告虽具有公共物品的特质,但其受益人还是资本市场上的特定群体,用全民性质的财政资金支付也存在困难。因此,现有财务审计的收益主要来自被审计单位。

会计师事务所提供审计服务及其收益多少,取决于市场竞争的结果。会计师事务所作为企业,同样需要考虑成本和收益以维持其生存和发展。

事务所与被审计单位之间的经济关联,使得事务所无法保证绝对的独立性,这就使得审计师提供服务过程中一直处于矛盾的状态。一方面,审计的责任是审查被审计单位的经营和财务情况以保证资金提供者的合法利益;而另一方面,审计师又需要考虑自身的成本和效益,审查得越严格,成本越高,在审计费用固定的情况下,利润便越少,同时若与被审计单位合作不顺利,还可能丢失未来的审计业务。因此,审计本身存在着与其他服务不同的特殊性。

2. 外部审计师的独立性

如前所述,会计师事务所与被审计单位之间存在经济关联,这使得严格意义上来讲事务所无法保证绝对的独立性。然而,财务审计是提供保证性质的服务,独立性是财务审计的基本前提,现行的审计准则要求,审计师需尽可能保证独立性。独立性的严重缺失会使公众对审计专业缺乏信心(Allen et al., 2006; Gavious, 2007),例如当会计师事务所收费明显低于其他事务所,或承担审计工作的审计师曾经在被审计单位担任管理层职务,抑或审计师与被审计单位存在任何形式的经济往来,这些都将导致审计师独立性的严重缺失,现行的审计准则严格禁止上述情况。

对于独立性的概念,美国注册会计师协会(AICPA)的白皮书(1997)提出,审计独立性是在从事审计业务中不存在可能导致不可接受的审计偏见的利益问题。雷扎伊(Rezaee, 2002)强调外部审计师需保持形式上和实质上都独立,所谓形式上独立是指在第三方(如外部投资者、债权人等审计报告使用者)看来,审计师不存在可能损害独立性的情况;所谓实质上独立是指审计师从精神层面就保有客观公正的态度,在审计中不存在任何偏见。

从审计独立性的需求情况来看,当资本市场较为发达时,审计报告的使用者对审计独立性的需求程度较高,因为会计信息在其决策中起重要作用。同时,公司高层管理者也会从较高的审计独立性中受益,一方面经理层可以通过被审计的会计信息明确其受托责任,另一方面当被审计的会计信息呈现好的业绩,经理层的工作能力更易受到肯定,有助于提升其自身声誉。然而,当资本市场不太发达时,审计独立性的需求程度会受到影响。

例如在中国还不成熟的资本市场上,上市公司股权集中程度较高,大股东对公司的绝对控制使其更重视内部信息的获取,一定程度上减弱了会计信息的决策有用性。审计报告的价值与会计信息的决策有用性息息相关,因此审计独立性的重要性也相应减弱。更严重的,若大股东为了满足自身需求,授意或联合经理层从事财务欺诈行为,其更不希望审计师具有较高的独立性,并可能对审计师施加压力。相比而言,中小股东应对审计独立性有较高的需求,但是由于中小股东在聘请和解聘审计师过程中的话语权较小,其无法决定审计师的选择以实现自己的需求。因此,在中国上市公司股权集中度较高的情况下,审计独立性的需求可能相对较弱。

从审计独立性的供给情况来看,理论上,外部审计师应从保持较高独立性中受益,因为较高的独立性有助于增加审计服务的专业性、提升审计师的声誉,进而为未来争取更多市场份额和审计利润做准备。同时,独立性是减少和控制审计风险的重要因素,较高的独立性也有助于减少审计师遭受惩罚和诉讼的风险。然而在现实中,由于诸多因素存在,审计独立性的供给程度会受到影响。例如在中国竞争异常激烈的审计市场中,许多中小型会计师事务所的生存压力较大:中国审计市场与西方审计市场最大的差别在于,西方大型会计师事务所(如国际“四大”会计师事务所)在审计业务承接中处于垄断地位,超过 80%的上市公司审计是由国际“四大”会计师事务所及国内大型会计师事务所完成的,而在中国,不存在大型会计师事务所的垄断情况,众多中小型会计师事务所同样激烈竞争着审计业务,中小型会计师事务所在规模和人员上不占优势,只能通过降低审计费用以获得业务。在这种情况下,审计师在提供服务时,需更多考虑成本效益问题,会计师事务所的选择通常由公司高层管理者来决定,审计师需要与高层管理者保持良好的关系以维持审计业务的承接。因此,在中国审计市场竞争异常激烈的情况下,审计独立性的供给也可能相对较弱。

综上可见,审计本身存在着与其他服务不同的特殊性,同时审计独立性在受诸多因素影响下也很难得以完全保证,这都使得外部审计在识别和防范公司财务报告欺诈中的作用受到限制,因此,虽然外部审计在公司治理中被赋予了重要责任,其仍可能为公司的不合规行为留有空间。

2.4.10 监管者与财务报告欺诈

监管者包括资本市场上制定相应法律法规的全部机构，如政府部门。监管者对公司的监督治理主要来自要求其满足相应法律法规的条款，这些条款通常是明确的，一旦公司违反，便会受到惩罚。因此，公司常把监管者的规定视作一种底线或标准(benchmark)，当公司在底线之上时，监管者对其影响作用甚微，而当公司处于底线之下或将要处于底线之下时，监管者的影响作用非常明显，公司一般会使用各种手段避免这种情况的发生。

监管者制定的全部法律法规会形成公司所处的监管环境。雷扎伊(Rezaee, 2002)曾指出，美国公司爆发财务报告欺诈案例，不完善的监管体系需承担一定责任。随着信息技术的不断发展和创新，现行法律法规需要紧随其脚步进行更新完善，否则会给市场上出现的新型金融产品留下监管盲点。美国很多财务报告欺诈案例都是通过复杂的金融衍生品来逃避监管，进而不断扩大到无法收拾的地步。此外，法律法规中的灰色地带也常被公司利用进行利润操纵。美国公司财务报告欺诈案例可分为两种，一种是隐性的欺诈，如安然公司，其利用会计准则的灰色地带来操控利润，最后导致公司出现巨大财务黑洞；而另一种是显性的欺诈，如世界通公司，其利用息税前利润(EBITDA, Earnings before interest, tax, depreciation and amortization)直接进行欺诈活动。如第1章所述，利用法律法规的灰色地带进行利润操纵是否明确算是财务欺诈，目前学术界仍未达成共识，但安然公司在不断恶化的财务状况下也使用了明确的欺诈手段进行掩饰，最终东窗事发，无力返回，成为震惊世界的财务造假案例。在安然和世界通相继爆发财务欺诈行为之后，美国监管部门出台并修订了很多法律法规(如2002年的萨班斯法案SOX)，以强化对于上市公司财务行为控制的监管环境。

中国资本市场建立相对较晚，监管环境一直处于不断完善的过程中，以公司法和证券法为核心的法律体系在不断构建。监管环境的不完善会给公司从事财务欺诈行为留下空间。具体来讲,中国的监管环境目前仍存在以下问题。首先,法律法规需不断更新修订以适应快速变化的市场情况并解决历史遗留问题。在中国资本市场发展初期,对公司的上市资格审查较弱,计划经济时代下缺少竞争机制,使得很多业绩并不良好的公司在政府支持下取得了上市资格,有的甚至在招股说明书中便出现了不实报告。这种情况在证券法颁布并实施后有所缓解,但计划经济时代的特点消失较慢,直到近些年《首次公开发行股票并上市管理办法》等具体法律法规的出台,使上市门槛逐渐得以规范。上市公司被要求每三个月向监管机构汇报财务状况,同时中国证监会的建立及其发布的一系列针对会计信息披露的规定,使中国监管环境不断地得以完善。其次,监管需要尽可能全面、及时,并且增加惩罚的力度。在中国资本市场上,监管者更多关注投资者和证券商的行为,而对上市公司的活动常疏于监察,通常在上市公司的欺诈行为扩大到无法收拾的地步时,监管者才会发现并介入调查。同时,目前公司被发现欺诈行为后的违规成本相对较低,惩罚额度与欺诈收益相比可谓是九牛一毛。欺诈被发现的可能性较低,加之额度较小的违规成本,使得上市公司从事财务欺诈行为以达到自身目的的可能性大大增加。

第3章 实证分析的研究设计

上一章构建了财务报告欺诈与公司治理之间关系的理论框架，认为欺诈行为人特征、会计信息特征和公司治理结构三方面共同导致了财务欺诈行为，而这三方面中仅公司治理结构在预防和控制欺诈行为中是可控制的因素。本章为后续公司治理各个参与方与财务报告欺诈之间的实证分析进行研究设计，明确具体使用的研究方法、确定详细的研究变量，并探讨研究样本选择和数据来源。

3.1 实证研究方法

准确、适当的研究方法是实证分析的基本前提，直接决定分析结果的有效性。从第1章可以发现，现有针对财务欺诈的研究提供了较多理论方面的探讨和发生欺诈公司的财务及非财务特征的描述性信息，未来需进一步补充基于假设提出的(empirical fraud-hypothesis based)深入的实证分析。显然，研究欺诈行为是很困难的，因为欺诈存在于道德领域，欺诈行为通常是主观上期望被掩饰、不被发现的行为。传统意义上，定性的研究方法适用于深入收集关于人类行为和行为背后主导原因的信息，然而，对财务欺诈行为的研究使得很多定性方法(如访谈、调查问卷等)变得不适用，因为我们有理由认为被访谈者或问卷调查者可能不愿意真实地回答问题，尤其是在他们曾经参与过欺诈活动或有过欺诈动机的情况下。

如果定性研究方法不适用，那么能否使用定量研究方法呢？能否通过收集发生欺诈公司的特征变量，考察这些变量与欺诈行为发生概率之间的关系，从而分析欺诈行为的决定因素呢？定量研究方法需要解决的第一个问题是，如何确定"欺诈公司"，显然，没有哪个公司或个人愿意告知其正在进行财务欺诈或其曾经发生过财务欺诈。因此，只有那些被调查发现并被披露出来的欺诈公司，如安然和世界通，才是证明财务欺诈存在的唯一可靠来源。而如果针对某一个欺诈案例做深入案例分析，欺诈公司详尽的被调查信息又很难获取，仅通过媒体报道的信息显然不充分，还可能存在偏差性和独特性。

最终，笔者采用了针对被发现并被披露出来的欺诈公司做大样本数据分析，通过收集这些公司的公司治理特征，实证考察其与欺诈行为发生概率之间的关系，同时收集对应的控制样本，即没有被发现财务欺诈的、规模相当并且处于同一行业的公司，以提供参考的标准。在具体分析中，将首先对欺诈公司和非欺诈公司的公司治理特征进行比较分析，考察其是否存在明显异同；然后实证研究相应特征与欺诈发生概率之间的关系，同时控制一些干扰因素的影响。具体的研究方法包括方差分析、因子分析和 Logistic 回归。

1. *方差分析*

方差分析用于两个及两个以上样本均数差别的显著性检验，在本研究中用来考察欺诈公司和非欺诈公司的公司治理特征是否存在明显异同。在以往研究中，比斯利等(Beasley et al., 2000)用 T 检验考察美国欺诈公司和控制样本的董事会特征和审计委员会特征的差异。虽然当只有两组样本存在时，方差分析和 T 检验差别不大，但方差分析过程能提供更多信息，如可对变量的方差同质性进行检测，当方差同质性无法假设时，可使用 Brown-Forsythe 变量和 Welch 变量取代 F 变量进行解释。具体分析公式为：

$$CG_{ij} = u_i + e_{ij} \tag{3.1}$$

其中，CG_{ij} 为 i 组样本中 j 公司的公司治理变量；u_i 为 i 组样本公司治理变量的平均值；e_{ij} 为 i 组样本中 j 公司的残差。

e_{ij}描述了样本组中个体公司的公司治理变量与平均值之间的差异，并假设其是正态分布的。出于统计需要，公式(3.1)通常转化为公式(3.2)的形式：

$$CG_{ij}=u+a_i+e_{ij} \tag{3.2}$$

其中，u为在不考虑是否欺诈的情况下全部公司的整体变量平均值；a_i为当样本是欺诈公司或是非欺诈公司时的额外作用。

当公司治理变量与财务报告欺诈不存在显著关系时，欺诈样本组和控制组之间没有额外作用，即$a_1=a_2=0$。因此，考察欺诈公司和非欺诈公司的公司治理特征是否存在明显异同，就是对下面的假设进行检验：

H0：$a_1=a_2=0$；H1：至少a_1或a_2其中一个不为0

2. 因子分析

因子分析是用少数几个因子去描述多个指标或因素之间联系的统计方法，其中指标或因素是可观察变量，而因子是统计生成的不可观察变量。因子分析的目的是将一些关联比较密切的指标或因素归在同一类中，每一类变量成为一个因子，以较少的几个因子反映原资料的大部分信息。因子分析的主要优势在于减少分析变量的数量，并保留其中的主要信息。当所观察到的变量含有相互重叠的信息，并不能较好反映所要验证的假设时，直接的测量可能会存在偏差、重复性或随时间变化出现的不稳定性(time-variant)，而因子分析一定程度上可以克服上述的问题。本研究在Logistic回归之前使用因子分析，以避免观察变量之间由于高度关联可能产生的多重共线性问题。

3. Logistic回归

在统计中Logistic回归通过将样本数据拟合到一个逻辑曲线中，以预测一个事件的发生概率。本研究中使用Logistic回归，是因为研究模型的因变量财务报告欺诈行为是0/1变量，模型要解释的是自变量对于财务报告欺诈发生概率的影响。在实际分析中，尽管无法假设发生财务欺诈的公司占全部公司的比例是50%，笔者仍然使用欺诈样本和一对一的配对控制样本，并将其纳入回归中，这不同于随机抽样的方法。Logistic回归结果将展示在控制了一些干扰因素影响后，公司治理特征变量将如何影响公司发生财务报告欺诈的可能性。

3.2 研究变量的确定

研究变量包括被解释变量、解释变量和控制变量。本研究中，被解释变量是公司是否发生财务报告欺诈，对于欺诈公司取值为 1，对于非欺诈公司取值为 0。解释变量是公司治理各个参与方的特征变量，具体如表 3-1 所示。控制变量是参考以往研究中指出的可能影响被解释变量的一些公司自身特征因素，具体如表 3-2 所示。

表 3-1　解释变量的确定

治理参与方	变　量	变量描述与衡量
股东大会	SH1	第一大股东持股比例
	SH2	第一大股东的性质，当是政府、政府部门或国有企业时取值为 1，否则取值为 0
	SH3	前五大股东持股比例之和
	SH4	第一大股东持股比例与第二大股东持股比例之比
	SH5	国有股所占比例
	SH6	社会公众股所占比例
董事会	BD1	董事会规模，以董事会总人数衡量
	BD2	董事持有公司股份比例
	BD3	董事长变更情况，当欺诈年份董事长发生变更时取值为 1，否则取值为 0
	BD4	董事长兼任总经理情况，当董事长和总经理由同一个人担任时取值为 1，否则取值为 0
	BD5	董事会中独立董事所占比例
	BD6	董事会中内部董事持有公司股份比例
	BD7	当年董事会会议次数

续 表

治理参与方	变 量	变量描述与衡量
监事会	SB1	监事会规模,以监事会总人数衡量
	SB2	监事持有公司股份比例
	SB3	当年监事会会议次数
高层管理者	TM1	高层管理者持有公司股份比例
	TM2	高层管理者变更情况,当欺诈年份高层管理者发生变更时取值为 1,否则取值为 0
审计委员会	AC	审计委员会设立情况,当欺诈年份公司已设立审计委员会时取值为 1,否则取值为 0
外部审计	EA1	外部审计变更情况,当欺诈年份承担外部审计的会计师事务所发生变更时取值为 1,否则取值为 0
	EA2	会计师事务所承担外部审计的年限
	EA3	会计师事务所是否为国际“四大”会计事务所,是取值为 1,否取值为 0
监管者	RG1	公司在欺诈发生年度是否被 ST(特别处理),是取值为 1,否取值为 0
	RG2	公司在欺诈被披露年度是否被 ST(特别处理),是取值为 1,否取值为 0
	RG3	对监管要求的熟悉程度,以上市年限衡量

表 3-2 控制变量的确定

变 量	变量描述与衡量
IC	行业特征,公司处于制造业这种竞争激烈、资源较少的行业时取值为 1,否则取值为 0
CS	公司规模,以期末总资产的自然对数衡量
H	欺诈历史,当公司以往年度发生过财务报告欺诈行为时取值为 1,否则取值为 0
AO	审计意见,当外部审计师出具标准无保留审计意见时取值为 1,否则取值为 0
LEVER	财务杠杆,以期末资产负债率衡量
ROE	盈利能力,以期末净资产收益率衡量

续　表

变　量	变量描述与衡量
ST	财务困境,当公司被处以“特别处理”时取值为 1,否则取值为 0
RSG	成长能力,以当年销售增长率衡量

3.3　研究样本的选择

基于前述研究设计,本研究选择已被发现并被披露出来的欺诈公司作为研究样本。样本选择的信息来源有很多,如报纸、网络、电视新闻、证监会公告等媒体平台,然而,通过这些途径收集信息会产生巨大的工作量,并且收集到的信息也会出现重叠或不完整。在以往研究中,基于欧洲财务欺诈公司的大样本研究非常少,可能是信息收集困难所导致的,而美国有一些基于这方面的研究。在比斯利(Beasley, 1996)的文章中,其使用两个信息来源确定欺诈公司的样本:一个是美国 SEC 发布的会计与审计处罚公告(*AAERs*, *the Accounting and Auditing Enforcement Releases*);另一个是华尔街日报指数关于白领犯罪的评论(*Wall Street Journal Index caption of* “*Crime—White Collar Crime*”)。类似地,笔者寻找中国是否有任何监管机构会披露已发现的公司财务欺诈行为。笔者发现,中国证监会(CSRC)每年会披露已调查发现的公司、个人及会计师事务所从事财务欺诈行为的处罚公告,并列示较为详细的欺诈信息。

通过对中国证监会 2002 年至 2009 年间披露的全部处罚公告进行分析,笔者选择 82 个财务报告欺诈案例作为本研究的欺诈样本,其欺诈期间包括自 1996 开始到 2007 年结束的 12 年间。由于金融行业会计政策和监管与其他行业存在差异,本研究欺诈样本中不包括金融业公司;如果欺诈行为没有对公司利润、资产或现金流产生影响,则其不作为欺诈样本,因为本研究主要考虑财务报告欺诈行为;此外,本研究欺诈样本限定于上市公司,一方面由于上市公司的财务信息是可以公开获取的,另一方面由于第

2章理论框架中阐释了上市公司会计信息有其特殊的属性和经济后果，这些会影响财务欺诈行为的发生。

中国证监会定期披露的处罚公告，列示了相关公司、个人及会计师事务所较为详细的欺诈信息，可作为最为权威的欺诈信息来源为本研究提供相关信息。处罚公告中列示的财务欺诈行为包括符合《证券法》第177条“未按照有关规定披露信息，或所披露的信息有虚假记载、误导性陈述或者有重大遗漏”的情况；符合《股票发行与交易管理暂行条例》第74条第2项“在股票发行、交易过程中，作出虚假、严重误导性陈述或者遗漏重大信息”的情况；以及符合《禁止证券欺诈行为暂行办法》第12条“发行人、证券经营机构在招募说明书、上市公告书、公司报告及其他文件中作出虚假陈述”和“在证券发行、交易及其相关活动中的其他虚假陈述”的情况。然而，本研究主要依靠证监会的处罚公告收集资料，也可能带来一定偏差，因为证监会通常会在持有较多证据的情况下开展正式调查并保证较高的成功率，那么，便有可能在欺诈样本中没有包含那些本身发生了财务欺诈行为但尚未被证监会发现的公司。因此，欺诈样本可能存在被低估的情况。

本研究控制样本为没有被发现财务欺诈的、与欺诈样本规模相当并且处于同一行业的公司。每一个欺诈公司按照以下四方面匹配一个控制样本公司：同一个证券交易所上市、同一行业、资产规模相当，并处于同一时期。① 以往研究（如 Beasley, 1996; McMullen, 1996; Beasley et al., 2000）曾指出，不包含控制样本会给分析带来偏差，并发现欺诈公司与控制公司确实存在公司治理特征上的显著差异。然而，需要注意的是，控制样本的选择也可能带来一定偏差，即那些本身发生了财务欺诈行为但尚未被证监会发现的公司，可能没有存在于欺诈样本中，却存在于控制样本中。样本选择的可能偏差构成了本研究的一个局限性，笔者预期没有被中国证监会发现并处罚的公司，其发生财务报告欺诈的可能性较小。为尽可能减少发生了财务欺诈行为却未被发现的公司作为控制样本，笔者考察了每个控制样本是否存在可能反映不正当行为的异常情况，存在异常情况的公司

① 以往经典文献，如比斯利（Beasley, 1996）的文章，便是使用这四个标准匹配控制样本。

将不被选做控制样本。这些异常情况包括：

(1) 异常高水平的现金持有，如超过净资产的现金、高现金高负债、变化较少的高现金持有；

(2) 异常的资产负债率；

(3) 异常高水平的应收款项；

(4) 长期不变或变化甚微的异常的在建工程；

(5) 异常的收入情况。

本研究确定样本的另一个局限性来自时间性问题。欺诈样本主要反映被发现并被披露出来的欺诈行为，而不是实际发生的欺诈行为。欺诈样本更多代表了过去一段时间的欺诈行为，那么，就有可能存在近期发生的财务欺诈(尚未被调查或发现)没有被包含在欺诈样本中，而被包含在控制样本中。关于样本时间性问题，会在第 4 章 4.1 部分做进一步阐述。

3.4　数据收集

本研究中欺诈信息来自中国证监会网站(http://www.csrc.gov.cn)每年披露的处罚公告。欺诈样本和控制样本的财务报表来自上海证券交易所(http://www.sse.com.cn)和深圳证券交易所(http://www.szse.cn)。其他辅助性提供上市公司相关信息的来源包括和讯网(http://www.homeway.com.cn)、中国上市公司咨询网(http://www.cnlist.com)和巨潮咨询网(http://www.cninfo.com.cn)。欺诈样本和控制样本的公司治理特征主要来自对财务报表附注的信息收集。

第4章 财务报告欺诈公司的特征描述

上一章为公司治理各个参与方与财务报告欺诈之间的实证分析进行研究设计，明确具体使用的研究方法、确定详细的研究变量，并探讨研究样本选择和数据来源。本章对所选择的财务报告欺诈公司进行特征描述，包括对时间性特征、行业特征、欺诈手段、欺诈金额、欺诈行为人特征以及欺诈影响的描述性统计。本章为后续实证分析提供研究样本的背景信息。

4.1 时间性特征的描述性统计

表4-1列示了财务报告欺诈在1996年至2007年这12年间的发生频率，其中，40家上市公司的91张财务报表存在欺诈行为，说明有的公司不止一年被发现进行财务报告欺诈。从表中信息可见，大部分财务报告欺诈发生在2000年至2004年，占全部的68.13%；同时参与欺诈的公司也主要集中于2000年到2004年，占全部的80%。图4-1更为直观地展现了这一趋势。从2000年开始，财务报告欺诈大幅度增加，可能与当时的宏观背景有关。随着中国资本市场的不断发展，2000年后，证券市场进入了一个活跃期，越来越多的公司希望争取到上市资格，以获得在股票市场上进行融资的待遇，而计算机网络的快速发展也使得已经上市的公司更关注于信息披露，以适应信息快速传播带来的冲击。在2000年的前几个月，网络股成为当时中国股票市场的热门话题(王瑛，2001)。上市公司会计信息披露重要性的增加，加之资本市场建设初期监管体系的不完备，可能为上市公司进

表 4－1　欺诈样本的时间分布

欺诈发生年度	财务报告欺诈	占全部的比例	参与欺诈的公司数	占全部的比例
1996	2	2.20	0	0
1997	5	5.49	1	2.50
1998	9	9.89	2	5.00
1999	9	9.89	2	5.00
2000	14	15.38	6	15.00
2001	13	14.29	8	20.00
2002	11	12.09	3	7.50
2003	14	15.38	7	17.50
2004	10	10.99	8	20.00
2005	2	2.20	2	5.00
2006	1	1.10	0	0
2007	1	1.10	1	2.50
合计	91	100	40	100

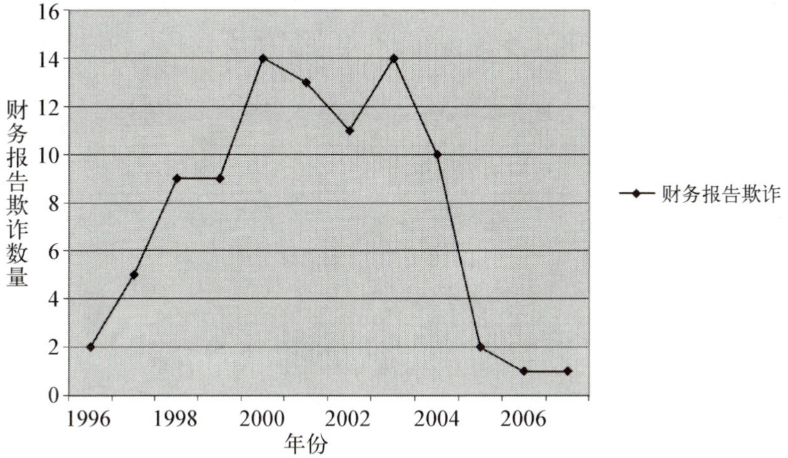

图 4－1　欺诈样本的时间分布线

行财务报告欺诈提供了空间。而 2004 年以后,被发现的财务报告欺诈骤然减少。对于这个骤减,可能有几方面的原因:一是 2000 年到 2004 年的高频率财务报告欺诈引起了监管部门的重视,其加强了对信息披露制度的监管和欺诈行为的监察,同时来自报表使用者,包括股东、债权人、潜在投资者等,对上市公司和外部审计师的压力,使上市公司和外部审计师加强了对欺诈行为的控制和防范;二是中国证监会从调查财务报告欺诈到确认并披露处罚公告,需要一段时间,由于本研究选择欺诈样本是依据 2002 年到 2009 年的处罚公告,那么,有可能 2005 年之后的财务报告欺诈还没有被完全披露出来,因此欺诈行为骤减,并不是由于上市公司减少了财务报告欺诈,而是近些年的欺诈行为没有被涵盖在本研究样本中。

基于上述分析,我们可得到:(1) 财务报告欺诈的发生受欺诈压力、机会以及成功欺诈带来的额外收益影响,而这些影响会随着时间的变化而变化;(2) 一些欺诈行为被发现、披露并且处罚,而这个被发现、披露并且处罚的比例会随着时间的变化而变化;(3) 欺诈被发现并被处罚的事实会改变欺诈机会以及预期的欺诈收益,从而循环至影响(1)的情况。表 4-2 列示了财务报告欺诈发生年度与被披露年度之间的关系,可见,发生在某一年的欺诈行为,会在滞后的几年内被披露出来,也就是说,中国证监会从调查财务报告欺诈到确认并披露处罚公告,存在一个时间差。表中信息显示,这个时间差通常在 2 至 6 年,以 3 年和 4 年居多。

表 4-2 财务报告欺诈发生年度与被披露年度之间的关系

欺诈发生年度	被披露的发生于某一特定年份的欺诈数量							
	2002	2003	2004	2005	2006	2007	2008	2009
1996	1	0	0	0	1	0	0	0
1997	2	1	1	0	1	0	0	0
1998	3	2	3	0	1	0	0	0
1999	2	3	3	0	1	0	0	0
2000	1	5	5	2	1	0	0	0
2001	1	2	7	2	1	0	0	0

续 表

欺诈发生年度	被披露的发生于某一特定年份的欺诈数量							
	2002	2003	2004	2005	2006	2007	2008	2009
2002	—	0	2	4	3	2	0	0
2003	—	—	0	4	4	5	0	1
2004	—	—	—	1	3	3	2	1
2005	—	—	—	—	0	1	0	1
2006	—	—	—	—	—	0	1	0
2007	—	—	—	—	—	—	1	0
合计	10	13	21	13	16	11	4	3

表 4－3 进一步列示了财务报告欺诈发生年度与被披露年度的时间差(Δt)与随着时间推移而增加的被披露的财务报告欺诈数量($\Delta Fraud$)之间的关系。可推断，在披露年度 $t+1$，被确认的发生于某一特定年份的财务报告欺诈数量，会高于在披露年度 t 被确认的同一特定年份的欺诈数量，而 Δt 与 $\Delta Fraud$ 之间可能存在一种关系，即 $\Delta Fraud = f(\Delta t)$，其反映了中国证监会调查财务报告欺诈的效率。因此，表 4－2 和表 4－3 反映的内容说明，时间滞后是表 4－1 中财务报告欺诈在 2004 年之后骤减的主要原因，我们有理由相信发生在 2005、2006 和 2007 年的欺诈行为，并没有被完全涵盖在研究样本中，依据表 4－3 的统计数字，我们估计这三年实际被发现的财务报告欺诈大致为 14 例、13 例和 13 例。

表 4－3 时间差与随时间推移而增加的被披露欺诈之间的关系

欺诈发生年度	随时间推移而增加的被披露的欺诈数量 $\Delta Fraud$				
	$\Delta t = 2$	$\Delta t = 3$	$\Delta t = 4$	$\Delta t = 5$	$\Delta t = 6$
1999	—	2	5	8	9
2000	1	6	11	13	14
2001	3	10	12	13	13
2002	2	6	9	11	11
2003	4	8	13	13	14

续 表

欺诈发生年度	随时间推移而增加的被披露的欺诈数量 $\Delta Fraud$				
	$\Delta t=2$	$\Delta t=3$	$\Delta t=4$	$\Delta t=5$	$\Delta t=6$
2004	4	7	9	10	—
Average	2.8	6.5	9.8	11.3	12.2

注：表中 Δt 为中国证监会从调查财务报告欺诈到确认并披露处罚公告的时间差，即欺诈被披露年份与发生年份之差；$\Delta Fraud$ 为随时间推移而增加的被披露的欺诈数量。

此外，表 4－4 列示了中国上市公司进行财务报告欺诈的年限。可见，平均而言，上市公司的欺诈年限为 2.28 年。样本中欺诈时间最久的是方大集团，其 8 年的财务报表均存在欺诈行为，在这期间，方大集团通过制造虚假销售记录、使用关联方交易等手段虚增利润及资产高达 2 亿人民币。丰乐种业，是欺诈时间第二长的公司，其从 1997 年至 2002 年一直从事财务报告欺诈行为。样本中还有 4 家公司从事欺诈行为达 4 年之久。表 4－4 反映的信息，与以往文献(Baucus & Near, 1991; the COSO Report, 1999; Mulford & Comiskey, 2002)的观点一致，即欺诈行为通常不会只发生在一个年度，就如同一个谎言需要另一个甚至不断的谎言来遮掩，同时，发生过欺诈的公司通常都有不合规行为的前科。

表 4－4　研究样本的欺诈年限

欺诈年限	1 年	2 年	3 年	4 年	5 年	6 年	7 年	8 年	合计
公司数	13	15	6	4	0	1	0	1	40
平均年限	2.28								

4.2　行业特征的描述性统计

本部分使用的行业分类是符合研究期间证监会的行业标准，包括 13 个行业，表 4－5 中依次为(A) 农林牧渔业，(B) 采掘业，(C) 制造业，

(D) 电力、燃气及水的生产和供应业,(E) 建筑业,(F) 交通运输、仓储业,(G) 信息技术业,(H) 批发和零售贸易,(I) 金融、保险业,(J) 房地产业,(K) 社会服务业,(L) 传播与文化产业和(M) 综合类。表 4－6 将制造业继续细分为 10 个类别,依次为(C0) 食品饮料制造业,(C1) 纺织服饰制造业,(C2) 木材、家具制造业,(C3) 造纸印刷制造业,(C4) 石油化工制造业,(C5) 电子制造业,(C6) 金属、非金属制造业,(C7) 机械装备制造业,(C8) 医药制造业和(C9) 其他制造业。

从表 4－5 可见,财务报告欺诈和参与欺诈的公司最多来自制造业(分别为 58.24%和 55%),随后是农林牧渔业(10.99%)、综合类(8.79%)和房地产业(7.69%)。由于制造业上市公司的基数最大,含有 979 家公司,本研究将制造业继续细分为 10 个类别进行描述性统计,如表 4－6 所示。考虑行业公司总数之后,可发现财务报告欺诈发生率最高的三个行业为农林牧渔业、传播与文化产业和综合类:行业中财务报告欺诈比例远高于行业公司总数占全部上市公司的比例,如图 4－2 所示。可能的原因为,农林牧渔业属于高经营风险的行业,其对环境因素的依赖性很大,同时该行业的会计技术也比较专业化:高频率的现金交易、收入确认的复杂性以及资本性支出和费用性支出的困难识别,都需要专业程度较高的会计人员来评估判断,这也导致外部人存在技术壁垒问题;传播与文化产业近些年一直经历着变革,随着新型媒体(如网络)的不断崛起和快速发展,传统媒体和新型媒体之间的竞争非常激烈,持续的变革更新使整个行业的公司都面临着越来越大的运营压力;处于综合类行业的公司通常是多元化经营的公司,理论上来讲,多元化经营有利有弊,一方面其有利于分散经营风险,不将全部资本集中于同一行业之中,另一方面其分散的资本和管理给公司带来额外代价,使得其通常不如某一行业中的专业化公司有竞争力,曾有研究表明在中国,多元化经营的公司并没有预期的业绩增加或风险降低(张翼,刘巍和龚六堂,2005),而这些使公司面临的绩效压力更大。此外,表 4－5 还显示,农林牧渔业和房地产业公司进行财务报告欺诈的时间最久,均在 3 年以上。

表 4－5　研究样本的行业分布

行业分类	财务报告欺诈	占该行业比例(％)	参与欺诈的公司	占该行业公司比例(％)	行业公司总数占全部上市公司比例(％)	该行业平均欺诈年限
A	10	10.99	3	7.50	2.36	3.33
B	0	0	0	0	2.18	—
C	53	58.24	22	55.00	59.26	2.41
D	2	2.20	1	2.50	3.93	2
E	0	0	0	0	2.42	—
F	0	0	0	0	4.06	—
G	4	4.40	2	5.00	6.84	2
H	3	3.30	2	5.00	5.75	1.5
J	7	7.69	2	5.00	4.84	3.5
K	0	0	0	0	3.27	—
L	4	4.40	2	5.00	0.79	2
M	8	8.79	6	15.00	4.30	1.33
合计	91	100	40	100	100	2.28

注：行业分类依次为(A) 农林牧渔业，(B) 采掘业，(C) 制造业，(D) 电力、燃气及水的生产和供应业，(E) 建筑业，(F) 交通运输、仓储业，(G) 信息技术业，(H) 批发和零售贸易，(I) 金融、保险业，(J) 房地产业，(K) 社会服务业，(L) 传播与文化产业和(M) 综合类。

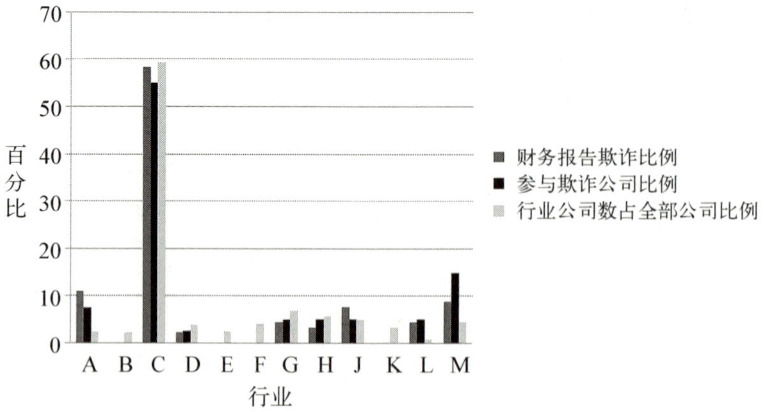

图 4－2　研究样本的行业分布图

表 4-6　制造业研究样本的明细分布

子类别	财务报告欺诈	占该类别比例(%)	参与欺诈的公司	占该类别公司比例(%)	类别公司总数占行业公司比例(%)	该类别平均欺诈年限
C0	4	7.55	1	4.55	6.54	4
C1	4	7.55	3	13.63	7.35	1.33
C2	0	0	0	0	0.61	—
C3	2	3.77	1	4.55	3.88	2
C4	8	15.09	3	13.63	18.18	2.67
C5	4	7.55	2	9.09	7.66	2
C6	9	16.98	2	9.09	14.81	4.5
C7	14	26.42	7	31.82	27.78	2
C8	4	7.55	1	4.55	10.93	4
C9	4	7.55	2	9.09	2.25	2
合计	53	100	22	100	100	2.41

注：子类别依次为(C0)食品饮料制造业，(C1)纺织服饰制造业，(C2)木材、家具制造业，(C3)造纸印刷制造业，(C4)石油化工制造业，(C5)电子制造业，(C6)金属、非金属制造业，(C7)机械装备制造业，(C8)医药制造业，(C9)其他制造业。

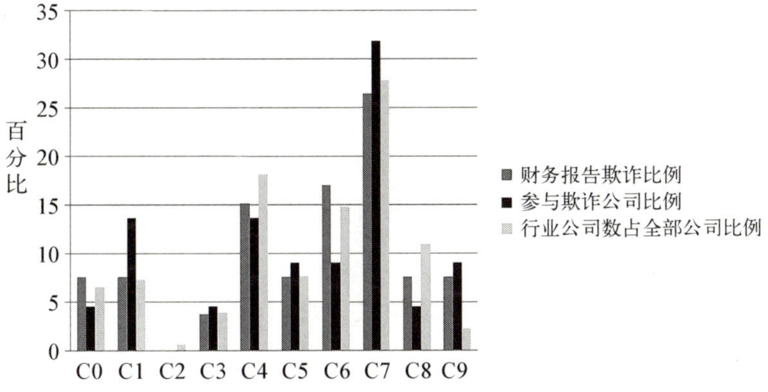

图 4-3　制造业研究样本的明细分布图

从表 4－6 可见，财务报告欺诈几乎存在于制造业全部子类别中，最多来自机械装备制造业（26.42%）和金属、非金属制造业（16.98%）。同样地，考虑子类别公司总数之后，可发现财务报告欺诈发生率最高的两个类别为金属、非金属制造业和其他制造业：类别中财务报告欺诈比例远高于该类别公司总数占制造业全部公司的比例，如图 4－3 所示。此外，表 4－6 还显示，食品饮料制造业、金属、非金属制造业和医药制造业公司进行财务报告欺诈的时间最久，均在 4 年以上。

上述信息与以往针对西方欺诈公司进行研究的文献结论不一致，如美国 COSO 报告（1999）发现美国欺诈公司更多集中于计算机软件业和其他制造业（比例均为 12%），其次是金融服务业（11%）；其他文献发现财务报告欺诈的高发行业为高科技行业和计算机相关行业（Loebbecke et al.，1989；Dechow et al.，1996；Bell & Carcello，2000），以及制造业（Loebbecke et al.，1989；Bonner et al.，1998）、交通运输业（Loebbecke et al.，1989）和批发零售业（Beneish，1997；Bonner et al.，1998）。实际上，财务报告欺诈的行业特征应随着不同国家、不同行业发展现状以及不同宏观背景而变化。

4.3 欺诈手段的描述性统计

表 4－7 列示了研究样本欺诈手段的描述性统计。可见，上市公司使用多样的会计技术实施财务欺诈，其中，最常用的技术为虚假销售交易、低估费用或损失以及调整资产或负债。在提供了欺诈手段信息的 85 例欺诈样本中，有 28 例使用虚假销售交易来调节盈余，有 25（16＋1＋5＋3）例将这个手段与其他手段相结合使用。欺诈公司制造虚假销售交易的具体方式包括：（1）与关联方或关系紧密的公司合谋，通过虚假的增值税发票来高估收入和利润；（2）向虚假的公司开具销售发票或向真实的公司开具虚假的发票，即便这种方式需要以多交税为代价；（3）利用出口公司的政策优惠制造虚假的出口贸易活动；（4）将不属于收入的所得记录为收入，例如客户定金等。欺诈样本中，有 35 例使用低估费用或损失实施财务欺诈，占样本的 41.18%。

低估费用或损失的具体方式包括低估销售费用、管理费用、财务费用和税费，同时调整固定资产折旧也是欺诈公司调节费用的一个普遍手段，因为折旧费用的计提依靠很多会计主观判断。此外，欺诈样本中，有 24 例使用调整资产或负债实施财务欺诈。调整资产或负债的一些方式包括记录不属于公司的资产或虚假资产、资本化本该费用化的支出项目、根据虚假的市场价值虚增资产等。对于资产账户，存货、应收账款和固定资产是较多被调节的账户。

表 4－8 显示欺诈公司使用的会计技术具有一定的行业特征。考虑到近些年审计技术逐渐趋于行业专业化，关于财务欺诈手段的行业特征描述有一定意义。从表 4－8 可以看出，虚假销售交易和调整资产或负债在房地产行业使用较普遍，可能的原因是房地产公司通常拥有较多资产，而资产价值确定过程会受很多主观因素的影响，同时房地产行业受政策影响较大，房产价格变化不定，这也给虚假销售提供了一定的空间。对于制造业和信息技术业公司，低估费用或损失是较为常见的欺诈手段，可能的原因是制造业公司通常拥有较为复杂的工作程序和多样的费用，公司容易利用低估费用或损失来调节盈余，例如对固定资产折旧计提的操纵；而信息技术业公司通常拥有较少的资产，因此其很难通过调整资产的手段进行财务欺诈。此外，农林牧渔业、水电燃气业和综合类公司更易于使用调整资产的方式操纵盈余，可能的原因是对于农林牧渔业和水电燃气业公司来说，其资产价值评估通常需要较专业的测量工具或指标，例如种植产品的面积、饲养牲畜的数量、资源耗用的体积等，这些可能会产生技术壁垒，使外部人很难准确掌握资产价值评估方法；而综合类公司通常是多元化经营的公司，其资本和管理的分散性使得准确测量多个行业的资产价值存在较多困难，从而也会为调整资产提供一定空间。

表 4－7　欺诈手段的描述性统计

欺　诈　手　段	财务报告欺诈	占全部比例(％)	参与欺诈的公司	占全部比例(％)
a 虚假销售交易	28	32.94	7	17.50
b 低估费用或损失	13	15.29	5	12.50

续 表

欺诈手段	财务报告欺诈	占全部比例(%)	参与欺诈的公司	占全部比例(%)
a 和b 结合	16	18.82	8	20.00
c 提前确认收入	1	1.18	0	0
a 和c 结合	1	1.18	1	2.50
b 和c 结合	0	0	1	2.50
d 调整资产或负债	13	15.29	6	15.00
a 和d 结合	5	5.88	7	17.50
b 和d 结合	3	3.53	1	2.50
a, b 和d 结合	3	3.53	2	5.00
e 其他	2	2.35	2	5.00
合计	85	100	40	100

注：欺诈样本中共 85 例提供了欺诈手段信息，因此本表中合计财务报告欺诈为 85 例。

表 4－8　欺诈手段的行业特征描述

欺诈手段	行业分类								
	A	C	D	G	H	J	L	M	合计
虚假销售交易(%)	8.00	56.00	4.00	4.00	4.00	8.00	4.00	12.00	100
低估费用或损失(%)	0	58.82	0	11.76	5.88	5.88	5.88	11.76	100
提前确认收入(%)	0	0	0	0	0	0	0	100	100
调整资产或负债(%)	12.50	50.00	6.25	6.25	0	6.25	0	18.75	100
其他(%)	0	50.00	0	0	50.00	0	0	0	100
该行业欺诈公司所占比例(%)	7.50	55.00	2.50	5.00	5.00	5.00	5.00	15.00	100

注：行业分类依次为(A) 农林牧渔业，(C) 制造业，(D) 电力、燃气及水的生产和供应业，(G) 信息技术业，(H) 批发和零售贸易，(J) 房地产业，(L) 传播与文化产业，(M) 综合类。

4.4　欺诈金额的描述性统计

表 4－9 列示了研究样本欺诈金额的描述性统计。整体来看，被发现

公司的欺诈金额都较高。对于虚增利润金额,大部分都在 1 千万元以上,并且有 10 例财务报告欺诈虚增超过 1 亿元利润,数目令人瞠目。对于调整资产或负债金额,一般比虚增利润还多,接近 50%的欺诈样本调整资产或负债金额高达 1 亿元人民币。欺诈样本中,虚增利润最多的是银广夏公司,基于中国证监会的调查,银广夏通过多记销售收入和少记费用,共虚增利润 7.7 亿元人民币。银广夏在 2000 年虚增的利润成为中国上市公司一年创造欺诈金额最多的纪录。另一个在中国非常有名的欺诈公司是科龙电器,其在 2002 年至 2004 年之间虚增利润高达 3.8 亿元人民币。图 4－4 和图 4－5 分别描述了银广夏和科龙电器财务欺诈金额情况。

表 4－9　欺诈金额的描述性统计

虚增利润金额(人民币)元	财务报告欺诈	参与欺诈的公司	调整资产或负债金额(人民币)元	财务报告欺诈	参与欺诈的公司
超过 1 亿	10	9	超过 1 亿	12	7
5 000 万到 1 亿	7	8	5 000 万到 1 亿	3	4
1 000 万到 5 000 万	31	10	1 000 万到 5 000 万	5	3
低于 1 000 万	24	7	低于 1 000 万	3	2
合　计	72	34	合　计	23	16

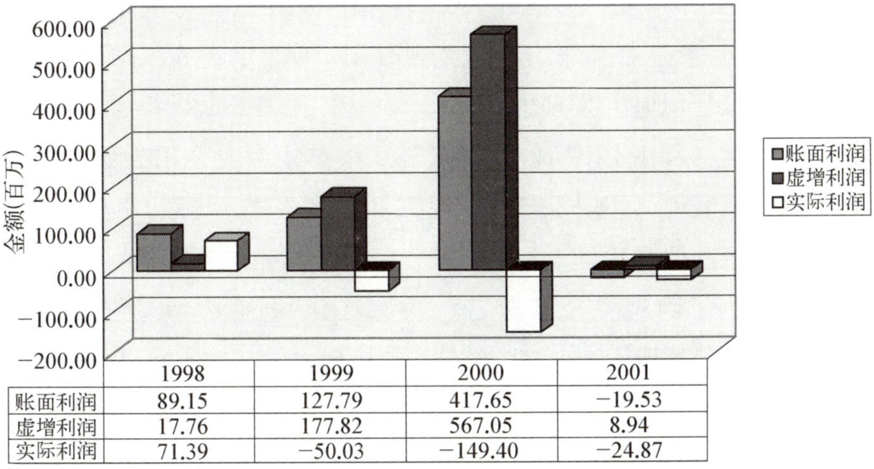

	1998	1999	2000	2001
账面利润	89.15	127.79	417.65	−19.53
虚增利润	17.76	177.82	567.05	8.94
实际利润	71.39	−50.03	−149.40	−24.87

图 4－4　银广夏公司财务欺诈金额情况

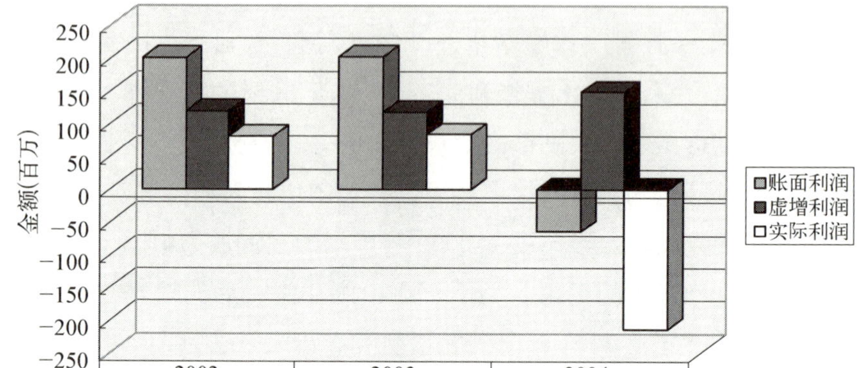

	2002	2003	2004
账面利润	200.87	202.18	−64.16
虚增利润	119.96	118.47	148.76
实际利润	80.91	83.71	−212.92

图 4－5　科龙电器公司财务欺诈金额情况

4.5　欺诈行为人特征的描述性统计

基于中国证监会披露的处罚公告，笔者发现几乎全部财务报告欺诈都是由董事长和高层管理者授权、同意或参与的，这里的高层管理者包括总经理、总会计师或财务总监、会计主管等。其他参与欺诈的个人包括董事会成员、董事会秘书、出纳、内部审计、外部审计等。这个结果与美国 COSO 报告(1999)发现的结果基本一致，美国 COSO 报告指出超过 80％的欺诈案例都由 CEO 或 CFO 参与。以丰乐种业公司为例，其董事长同时担任总经理，并连同董事会秘书和财务总监一起从事财务欺诈行为：他们通过彼此串通、注册虚假公司以虚构销售交易；并且在外部审计过程中为了隐藏资金来源，他们授意出纳制造虚假顾客合同、虚假销售发票以及虚假银行对账单等。丰乐种业这个在 2002 年仅有不到 9 亿元资产和 4 亿元净资产的小规模公司，在 1997 年至 2001 年之间虚增净利润高达近 2 亿元人民币，严重损害了资本市场上投资者和债权人的信心。

4.6　欺诈影响的描述性统计

为了考察研究样本财务欺诈对其会计信息的影响情况，笔者试图通过审计手段对会计信息进行更正，以得到相对真实的公司会计信息。例如，根据中国证监会的处罚公告，科龙电器通过记录虚假销售交易、少记资产价值和累计折旧、低估法律费用等手段，在 2002 年至 2004 年之间分别虚增利润高达 1.19 亿元、1.18 亿元和 1.48 亿元。根据这一信息，笔者对这三年的会计信息进行更正，以估计财务欺诈产生的影响。

表 4－10 描述了研究样本财务欺诈对会计信息的影响情况。可见，大部分欺诈样本(80.95%)使用会计手段来增加利润，其中 21 个案例通过财务欺诈使利润由负变正。欺诈公司调增利润的目的主要有以下几点：一是提升财务业绩防止报告损失；二是满足高层管理者对于盈余的预期以增加个人价值；三是促使股价上涨或满足配股需求；四是维持上市资格或防止被“特殊处理(ST)”或退市。有 3 个案例通过财务欺诈调减利润，笔者发现这 3 个案例在欺诈年度和之前年度的利润都为负，那么在利润为负的情况下再调减利润，显然不是为了避税的目的，而是利用“洗大澡”的方法在亏损年度亏到底，为以后年度扭亏为盈做准备。对于调整资产或负债的案例来说，其通常是为了掩饰大股东、关联方或高层管理者与公司之间不正常的资产占用情况。

表 4－10　欺诈影响的描述性统计

欺 诈 影 响	财务报告欺诈	所占比例(%)	报表数字发生显著变化*
利润增加	68	80.95	21
利润减少	3	3.57	0
资产或负债增加**	5	5.95	0
资产或负债减少**	5	5.95	0

续 表

欺 诈 影 响	财务报告欺诈	所占比例(%)	报表数字发生显著变化*
其他***	3	3.58	0
合 计	84	100	21

注：欺诈样本中共84例提供了欺诈影响信息，因此本表中合计财务报告欺诈为84例；* 一个典型例子为通过财务欺诈使报表利润由负变正；** 这两类不包括通过调整资产或负债使利润增加或减少；*** 此类指财务欺诈仅影响资产、负债或所有者权益内部，而不影响总额，如将应收账款记做现金，但资产总额不变。

第 5 章　财务报告欺诈与股权结构的实证分析

自本章起，笔者将对公司治理各个参与方与财务报告欺诈之间的关系进行实证分析。本章主要从股权结构的角度出发，考察股东大会的特征对财务报告欺诈的影响，包括股权集中度和股权类型两个方面。具体思路为，首先提出研究假设，其次进行研究模型设计，最后通过方差分析和全样本回归分析得到实证结果并对结果进行解释。

5.1　研究假设的提出

5.1.1　股权集中度对财务报告欺诈的影响

基于第 2 章对股权集中度与财务报告欺诈之间关系的理论探讨，股权集中度较高或较低，可能会导致不同问题的出现，从而引发财务报告欺诈的发生。当股权集中度较低时，股权在各股东之间较分散，股东和经理层之间的信息不对称问题较为明显，信息不对称便可能会引发道德危机和逆向选择；同时，较为分散的股权还会在股东之间产生免费搭车者问题，即每个股东均不愿意花费较高的监管成本去监督公司运营，而是期望在其他股东监督的过程中免费受益，这便会导致股东对经理层的监管出现真空状态。当股权集中度较高时，即公司的部分股东持有较多股份，这在一定程度上可以缓解信息不对称。然而，过高的股权集中度会引发其他问题，大股东持有公司较多股份的目的可能与中小股东不完全一致，那么，当大股东以其持股的绝对优势控制了股东大会和董事会的行为，使公司决策尽可能满足自身利益，这便可能会损害中小股东的利益，而当公司业绩不能满足大股东需要的时候，大股东有可能授意经理层从事欺诈活动以达到其目的。可见，股权集中度过高或过低都会存在问题，而这些问题都可能会导致公司的财务报告欺诈行为。

中国上市公司的一个典型特征是股权集中度较高（许小年和王燕，1997；吴淑琨，2002），因此，笔者更多关注较高股权集中度可能对财务报告欺诈产生的影响。如前所述，股权适当集中可避免股权分散状态下的一些问题，然而股权过度集中又会产生新的问题。就中国上市公司而言，很多公司都存在"一股独大"的现象，即一个大股东拥有绝对的控制权，那么，笔者有理由相信，中国上市公司股权集中度并不处于适中状态，而是偏高。在整体偏高的情况下，笔者预期股权集中度越高，公司发生财务报告欺诈行为的可能性越大。

假设 5.1：当中国上市公司股权集中度越高时，其发生财务报告欺诈行为的可能性越大。

5.1.2 股权类型对财务报告欺诈的影响

国有股在上市公司中占较大份额是现阶段中国发展的特色，其存在具有一定合理性和必然性，然而，这也会给公司运营带来问题（徐晓东和陈小悦，2003）。国有股权归全体人民所有，在这个意义上全体人民都算是公司的股东，那么可能会导致两种问题的出现：一是"所有者缺失"，二是监管上的"免费搭车者"。全体人民作为公司股东，谁来履行股东职责便变得模糊，目前代表国家投资的机构被认为是履行股东职责的责任体，但其毕竟不是拿自己的直接财产去投资，在真正监管国有资产是否得以保值或增值时，难免出现动力不足的情况，这就是实际上的"所有者缺失"。这会直接影响作为股东身份监管公司高层管理者行为的有效性，给高层管理者从事财务欺诈行为留下空间。同时，当全体人民都是公司股东时，每个人由于高昂的监管成本，不可能亲自履行股东的职责，会导致监管上的"免费搭车者”。因此,较大份额的国有股权可能会使公司高层管理者拥有欺诈行为的空间。

对于社会公众股而言,其实际上是最脆弱、最关心公司业绩的一部分群体,若公司被发现财务欺诈行为,社会公众股往往承受最惨重的伤害。作为弱势群体,社会公众股不能在股东大会上影响公司高层管理者的决策行为,但可以在流通环节通过出售或者拒绝购买公司股份来表达意愿。若很多个人股东不愿意持有公司股份,这势必会影响公司在资本市场的股价以及融资情况,为此,公司高层管理者会采取积极的行动以重新获取社会公众的信心和信任,那么,较多比例的社会公众股一定程度上应能限制公司高层管理者的不当行为。

假设 5.2：当中国上市公司股权结构中有较多国有股时,其发生财务报告欺诈行为的可能性较大;而当股权结构中有较多社会公众股时,其发生财务报告欺诈行为的可能性较小。

5.2　研究模型

由于本研究考察公司股权结构与财务报告欺诈发生可能性之间的关系,因变量财务报告欺诈为 1/0 变量,因此,Logistic 模型是较为合适的研究模型(Maddala, 1991)。虽然我们无法假设发生财务欺诈的公司占全部公司的比例是 50%,并将欺诈样本和一对一的配对控制样本纳入模型中,但帕利普(Palepu, 1986)和比斯利(Beasley, 1996)曾指出在 Logistic 模型中,解释变量的系数并不受两个样本组的抽样率影响,如果模型不是为了预测财务欺诈的发生概率,常数的偏差不会对分析结果产生实质影响。具体研究模型如下：

$$\begin{aligned} \mathrm{FSF_i} = {} & \alpha+\beta_1\mathrm{SH1_i}+\beta_2\mathrm{SH2_i}+\beta_3\mathrm{SH3_i}+\beta_4\mathrm{SH4_i}+\beta_5\mathrm{SH5_i}+\beta_6\mathrm{SH6_i} \\ & +\beta_7\mathrm{IC_i}+\beta_8\mathrm{CS_i}+\beta_9\mathrm{H_i}+\beta_{10}\mathrm{AO_i}+\beta_{11}\mathrm{LEVER_i}+\beta_{12}\mathrm{ROE_i} \\ & +\beta_{13}\mathrm{ST_i}+\beta_{14}\mathrm{RSG_i}+\varepsilon_i \end{aligned} \tag{5.1}$$

其中,FSF 为财务报告欺诈变量,欺诈公司取值为 1,非欺诈公司取值为 0;SH1 为第一大股东持股比例;SH2 为第一大股东的性质,当是政府、政府部门或国有企业时取值为 1,否则取值为 0;SH3 为前五大股东持股比例之和;SH4 为第一大股东持股比例与第二大股东持股比例之比;SH5 为国有股所占比例;SH6 为社会公众股所占比例;IC 为行业变量,公司处于制造业这种竞争激烈、资源较少的行业时取值为 1,否则取值为 0;CS 为公司规模,以期末总资产的自然对数衡量;H 为欺诈历史,当公司以往年度发生过财务报告欺诈行为时取值为 1,否则取值为 0;AO 为审计意见,当外部审计师出具标准无保留审计意见时取值为 1,否则取值为 0;LEVER 为财务杠杆,以期末资产负债率衡量;ROE 为盈利能力,以期末净资产收益率衡量;ST 为财务困境,当公司被处以“特别处理”时取值为 1,否则取值为 0;RSG 为成长能力,以当年销售增长率衡量;i 为各个公司,取值从 1 到 164;ε 为残差。

本部分关注的重点是股权结构变量(SH1 到 SH6)对财务报告欺诈的影响作用。模型中同时引入 8 个控制变量,是因为以往研究曾指出,这些变量可能与财务报告欺诈发生的动机和条件因素有关。行业变量(IC)控制欺诈样本和控制样本的外部因素差异。辛普森(Simpson, 1986)和鲍克斯和尼亚(Baucus & Near, 1991)指出来自特定行业的公司更易于发生财务报告欺诈。鲍克斯(Baucus, 1994)发现行业文化会纵容并诱使高层管理者从事不合规行为。迪马吉奥和鲍威尔(DiMaggio & Powell, 2000)在介绍“组织同质性(organizational isomorphism)”概念时曾指出公司常常跟随并借鉴同一行业中的成功公司模式来运营,包括借鉴财务欺诈活动。此外,特定行业的压力也会促使高层管理者使用各种手段以达到目的。

公司规模(CS)控制欺诈样本和控制样本的规模差异。达博和卡尔顿(Daboub & Calton, 2002)认为公司规模与财务报告欺诈发生概率呈正相关,因为规模常常被认为是复杂性的代理变量,规模较大的公司由于内部控制系统中交流和合作的困难,会给财务报告欺诈留下空间。辛普森(Simpson, 1986)和鲍克斯和尼亚(Baucus & Near, 1991)也认为大规模的公司应更易于发生财务欺诈行为。然而，美国 COSO 报告(1999)却发现从事欺诈的公司通常都是小规模公司。虽然对于公司规模与财务报告欺诈之间的关系目前尚未达成共识，公司规模仍被认为是可能影响财务欺诈行为的因素。

欺诈历史(H)控制欺诈样本和控制样本以往违规行为的差异。鲍克斯和尼亚(Baucus & Near, 1991)认为以往的违规行为可以被看作是未来可能继续违规的预警信号。马尔福德和科米斯基(Mulford & Comiskey, 2002)也指出，欺诈行为通常不会仅仅发生于一个期间。审计意见(AO)控制外部审计师对于欺诈样本和控制样本财务报表可信性判断的差异。以往研究较少将审计意见作为研究变量或控制变量，尽管审计师保证财务报表质量和真实程度的责任一再被强调。考虑到审计意见是审计师的一种态度表达，笔者在研究模型中将其纳入作为控制变量。

财务杠杆(LEVER)、盈利能力(ROE)和财务困境(ST)控制欺诈样本和控制样本财务健康状况的差异。洛贝克等(Loebbecke et al., 1989)指出不如人意的财务状况会促使高层管理者过度关注公司盈余和盈利性。贝尔等(Bell et al., 1991)和比斯利(Beasley, 1996)认为一个公司的财务健康程度与财务欺诈行为的发生存在联系。迪安杰洛等(DeAngelo et al., 1994)和比斯利(Beasley, 1996)认为衡量一个公司在财务报告欺诈发生之前是否存在财务困难时，考察这个公司在欺诈前 6 年间是否有 3 年出现净损失。本研究衡量财务困难的方法与此类似：由于在中国，当上市公司连续两年报告损失或出现净资产低于注册资本时，其会被冠以 ST 之名，即特别处理，因此，ST 变量直接反映了公司已存在财务困难，同时 LEVER 和 ROE 反映公司潜在可能存在的财务困难。

销售增长率(RSG)控制欺诈样本和控制样本成长能力的差异。洛贝克等(Loebbecke et al., 1989)和贝尔等(Bell et al., 1991)认为公司快速增长可能是其发生财务报告欺诈的一个“红旗标志”，因为这类公司的高层管理者在公司出现业绩下滑时，为了仍然保持高速增长的表象，很可能会从事财务欺诈行为。

5.3 实证分析结果及解释

5.3.1 样本组间方差分析

基于第 2 章关于公司股权结构的理论探讨，中国上市公司的股权特征与西方公司尤其是美国公司的股权特征差异较大：与美国公司相比，中国上市公司的大股东拥有更多投票权和控制权。表 5－1 和表 5－2 列示了本研究欺诈样本和控制样本股权结构变量的描述性统计信息。

表 5－1 欺诈样本股权结构变量的描述性信息

变 量	EC	SH1	SH2	SH3	SH4	SH5	SH6
样本数	82	82	82	82	82	82	82
均 值	673.20	34.96	0.52	53.51	25.17	25.00	43.15
标准差	578.25	17.23	0.50	11.98	67.13	24.74	12.05
偏 度 (标准误)	1.696 (0.266)	0.361 (0.266)	−0.100 (0.266)	−0.395 (0.266)	4.767 (0.266)	0.294 (0.266)	0.448 (0.266)
峰 度 (标准误)	4.878 (0.526)	−1.051 (0.526)	−2.040 (0.526)	−0.545 (0.526)	27.014 (0.526)	−1.600 (0.526)	−0.444 (0.526)
最小值	−838.72	8.86	0.00	25.24	1.00	0.00	16.91
最大值	2 808.73	66.67	1.00	71.07	476.21	66.43	76.12
百分位数(25)	315.84	20.15	0.00	45.77	1.48	0.00	33.33
百分位数(50)	516.14	29.85	1.00	54.16	2.91	17.35	39.76
百分位数(75)	929.25	51.77	1.00	63.35	9.18	49.16	52.95

注：EC 为年末公司权益资本；SH1 为第一大股东持股比例；SH2 为第一大股东的性质，当是政府、政府部门或国有企业时取值为 1，否则取值为 0；SH3 为前五大股东持股比例之和；SH4 为第一大股东持股比例与第二大股东持股比例之比；SH5 为国有股所占比例；SH6 为社会公众股所占比例。

表 5-2 控制样本股权结构变量的描述性信息

变 量	EC	SH1	SH2	SH3	SH4	SH5	SH6
样本数	82	82	82	82	82	82	82
均 值	694.75	39.08	0.53	56.54	320.85	29.22	42.17
标准差	511.78	20.40	0.50	15.85	2504.41	27.78	16.56
偏 度 (标准误)	1.581 (0.266)	0.354 (0.266)	−0.149 (0.266)	−0.670 (0.266)	9.023 (0.266)	0.347 (0.266)	1.217 (0.266)
峰 度 (标准误)	3.284 (0.526)	−1.073 (0.526)	−2.028 (0.526)	−0.157 (0.526)	81.600 (0.526)	−1.438 (0.526)	2.150 (0.526)
最小值	−11.77	3.73	0.00	10.78	1.00	0.00	15.17
最大值	2 669.05	75.00	1.00	78.24	22 696.43	75.00	100.00
百分位数(25)	363.86	22.19	0.00	43.61	1.68	0.00	30.88
百分位数(50)	557.66	33.09	1.00	61.23	3.15	19.55	37.63
百分位数(75)	1 008.85	57.63	1.00	69.44	20.03	52.90	51.11

注：EC为年末公司权益资本；SH1为第一大股东持股比例；SH2为第一大股东的性质，当是政府、政府部门或国有企业时取值为1，否则取值为0；SH3为前五大股东持股比例之和；SH4为第一大股东持股比例与第二大股东持股比例之比；SH5为国有股所占比例；SH6为社会公众股所占比例。

可见，欺诈样本第一大股东持股比例(SH1)的均值为34.96，控制样本为39.08；欺诈样本第一大股东性质变量(SH2)的均值为0.52，控制样本为0.53；对于前五大股东持股比例之和(SH3)的均值，欺诈样本为53.51，控制样本为56.54。仅从描述性信息来看，上述三个变量在欺诈样本和控制样本之间的差异并不明显。而对于第一大股东持股比例与第二大股东持股比例之比变量(SH4)的均值，欺诈样本为25.17，控制样本为320.85，两者差异较明显。此外，欺诈样本国有股所占比例(SH5)的均值为25，控制样本为29.22；欺诈样本社会公众股所占比例(SH6)的均值为43.15，控制样本为42.17，表面来看，差异也并不明显。随后，笔者对样本组间进行方差分析，以进一步考察两组之间差异的显著性。

表 5－3　方差齐性检验

变　量	Levene 统计量	df1	df2	显著性
SH1	3.38	1	162	0.068
SH2	0.09	1	162	0.761
SH3	3.85	1	162	0.051
SH4	9.52	1	162	0.002
SH5	1.93	1	162	0.166
SH6	3.79	1	162	0.053

注：显著性水平：0.05；SH1 为第一大股东持股比例；SH2 为第一大股东的性质，当是政府、政府部门或国有企业时取值为 1，否则取值为 0；SH3 为前五大股东持股比例之和；SH4 为第一大股东持股比例与第二大股东持股比例之比；SH5 为国有股所占比例；SH6 为社会公众股所占比例。

从表 5－3 的方差齐性检验结果可见，股权结构变量 SH1，SH2，SH3，SH5 和 SH6 都通过了齐性检验，而变量 SH4 的显著性值为 0.002，小于 0.05，因此 SH4 没有通过齐性检验。通过对变量 SH4 的原始值进行对数处理，再进行方差齐性检验，发现处理后的 SH4 仍然没有通过齐性检验。因此，在后续方差分析中，笔者将依据 Brown-Forsythe 统计量和 Welch 统计量对结果进行解释，因为当方差齐性无法被假设时，这两个统计量要优于 F 统计量。

表 5－4　方差分析的输出结果(a)

	变　量	df	均值平方	F	显著性
SH1	组间	1	697.888	1.956	0.164
	组内	162	356.835		
SH2	组间	1	0.006	0.024	0.877
	组内	162	0.252		
SH3	组间	1	3 584 756.318	1.142	0.287
	组内	162	3 138 312.357		
SH5	组间	1	729.258	1.054	0.306
	组内	162	692.016		
SH6	组间	1	38.606	0.184	0.668
	组内	162	209.774		

注：显著性水平：0.05；SH1 为第一大股东持股比例；SH2 为第一大股东的性质，当是政府、政府部门或国有企业时取值为 1，否则取值为 0；SH3 为前五大股东持股比例之和；SH5 为国有股所占比例；SH6 为社会公众股所占比例。

表 5-5　方差分析的输出结果(b)

统计量	统计值	df1	df2	显著性
Welch	5.385	1	142.826	0.036
Brown-Forsythe	5.385	1	142.826	0.036

注：此表为针对变量 SH4 的输出结果，SH4 为第一大股东持股比例与第二大股东持股比例之比；显著性水平：0.05。

表 5-4 和表 5-5 的输出结果显示，股权结构变量 SH1，SH2，SH3，SH5 和 SH6 均未通过显著性检验，意味着对于这五个变量来说，欺诈样本和控制样本之间不存在显著差异。而变量 SH4 通过了显著性检验，说明对于 SH4 来说，欺诈样本和控制样本之间存在显著差异。SH4(第一大股东持股比例与第二大股东持股比例之比)是衡量公司股权集中度的变量，可见，与控制样本相比，欺诈样本的股权集中度相对较低。

从上述描述性统计信息和方差分析来看，中国上市公司大股东持股，与美国公司①相比，确实处于较高的水平。对于欺诈样本和控制样本，第一大股东持股比例的均值都在 30%以上，并且最高值分别为 67%和 75%。第一大股东的性质，即其是否为政府、政府部门或国有企业，在样本组间不存在显著差异。前五大股东持股比例之和，欺诈样本和控制样本的均值都在 50%以上，说明中国上市公司的股权集中于少数几个股东的手上，少数股东对公司拥有绝对的控制权。对于另一个衡量公司股权集中度的变量，第一大股东持股比例与第二大股东持股比例之比，欺诈样本和控制样本之间存在显著差异，说明虽然整体而言，中国上市公司普遍股权集中度较高，但与控制样本相比，欺诈样本的股权相对较分散。如前面理论性论述，股权集中度过高或者过低，都会产生问题，从而引发财务报告欺诈，然而笔者预期在中国上市公司普遍股权集中度较高的情况下，高股权集中度带来的弊端也会凸显，但方差分析的结果并没有验证这一预期。对于国有股所占比例，欺诈样本和控制样本的均值分别为 25%和 29.22%，并且样本组间

① 关于美国公司的信息来源：Dietl H.. *Capital Market and Corporate Governance in Japan, Germany and The United States*[M]. London: Routledge, 1998: 121.

不存在显著差异。对于社会公众股所占比例,欺诈样本和控制样本的均值都处于 50%以下,分别为 43.15%和 42.17%,同样,样本组间不存在显著差异。仅从方差分析结果来看,股权类型对财务报告欺诈的影响并不明显。

5.3.2 全样本回归分析

根据前述研究模型中涉及的变量,本研究在进行 Logistic 回归之前,先对六个股权结构变量进行因子分析,防止在回归中可能出现多重共线性的问题。因为变量 SH1 至 SH6 均反映上市公司的股权信息,那么有可能它们会包含高度相似的信息,在这种情况下,模型中回归系数的估计会出现误差,从而影响分析结果。因子分析的相关系数矩阵如表 5-6 所示。

表 5-6 方差分析的相关系数矩阵

		SH1	SH2	SH3	SH4	SH5	SH6
相关性	SH1	1.000	0.663	0.783	0.137	0.775	−0.633
	SH2	0.663	1.000	0.467	0.091	0.824	−0.429
	SH3	0.783	0.467	1.000	0.062	0.610	−0.822
	SH4	0.137	0.091	0.062	1.000	0.128	−0.045
	SH5	0.775	0.824	0.610	0.128	1.000	−0.506
	SH6	−0.633	−0.429	−0.822	−0.045	−0.506	1.000
显著性(一尾检验)	SH1		0.000	0.000	0.051	0.000	0.000
	SH2	0.000		0.000	0.124	0.000	0.000
	SH3	0.000	0.000		0.217	0.000	0.000
	SH4	0.051	0.124	0.217		0.052	0.285
	SH5	0.000	0.000	0.000	0.052		0.000
	SH6	0.000	0.000	0.000	0.285	0.000	
KMO 和 Bartlett's 检验值:674.538(显著系数:0.000)							

注:显著性水平:0.05;SH1 为第一大股东持股比例;SH2 为第一大股东的性质,当是政府、政府部门或国有企业时取值为 1,否则取值为 0;SH3 为前五大股东持股比例之和;SH4 为第一大股东持股比例与第二大股东持股比例之比;SH5 为国有股所占比例;SH6 为社会公众股所占比例。

表 5-6 显示，六个股权结构变量中部分变量高度相关，例如，变量 SH1 与 SH3 的相关系数为 0.783；变量 SH1 与 SH5(国有股所占比例)的相关系数为 0.775。由于这些变量高度相关可能引发多重共线性问题，笔者使用主成分分析法将这些变量含有的信息浓缩至几个因子之中，再纳入后续的回归分析中。

表 5-7 和表 5-8 描述了因子分析中特征值、载荷平方和旋转后的因子成分矩阵信息。笔者选取表 5-7 中特征值大于 1 的两个因子，得到这两个因子的旋转载荷平方和为 77.27%，即这两个因子包含了六个股权结构变量中 77.27%的信息。由于初始成分矩阵相对较复杂，不容易解释因子的含义，笔者使用旋转后的因子成分矩阵以使每一个股权结构变量在其中一个因子上有较高的载荷，而在另一个因子上有较低的载荷，如表 5-8 所示。

表 5-7　因子分析的总方差解释

成　分	初始特征值			旋转载荷平方和		
	数值	方差百分比	累计方差百分比	数值	方差百分比	累计方差百分比
1	3.633	60.545	60.545	3.602	60.041	60.041
2	1.003	16.721	77.266	1.034	17.226	77.266
3	0.813	13.552	90.818			
4	0.284	4.731	95.549			
5	0.148	2.467	98.016			
6	0.119	1.984	100			

注：方法为主成分分析法。

表 5-8　旋转后的因子成分矩阵

变　量	成　分	
	1	2
SH1	0.907	0.111
SH2	0.777	0.188
SH3	0.880	−0.082

续 表

变 量	成 分	
	1	2
SH4	0.048	0.962
SH5	0.862	0.191
SH6	−0.809	0.129

基于表5-8的因子成分矩阵,可得到:

$$F1=0.907\times SH1+0.777\times SH2+0.880\times SH3+0.048\times SH4+0.862\times SH5-0.809\times SH6$$

$$F2=0.111\times SH1+0.188\times SH2-0.082\times SH3+0.962\times SH4+0.191\times SH5+0.129\times SH6 \quad (5.2)$$

其中,因子F1反映上市公司股权构成特征;因子F2反映上市公司股权集中度特征。

将因子F1和F2替代六个股权结构变量纳入回归分析之中,得到新的Logistic回归模型如下所示:

$$FSF_i=\alpha'+\beta'_1F1_i+\beta'_2F2_i+\beta'_3IC_i+\beta'_4CS_i+\beta'_5H_i+\beta'_6AO_i+\beta'_7LEVER_i+\beta'_8ROE_i+\beta'_9ST_i+\beta'_{10}RSG_i+\varepsilon_i \quad (5.3)$$

其中,FSF为财务报告欺诈变量,欺诈公司取值为1,非欺诈公司取值为0;F1为股权构成特征变量,其值来自因子分析过程;F2为股权集中度特征变量,其值来自因子分析过程;IC为行业变量,公司处于制造业这种竞争激烈、资源较少的行业时取值为1,否则取值为0;CS为公司规模,以期末总资产的自然对数衡量;H为欺诈历史,当公司以往年度发生过财务报告欺诈行为时取值为1,否则取值为0;AO为审计意见,当外部审计师出具标准无保留审计意见时取值为1,否则取值为0;LEVER为财务杠杆,以期末资产负债率衡量;ROE为盈利能力,以期末净资产收益率衡量;ST为财务困境,当公司被处以“特别处理”时取值为1,否则取值为0;RSG为成长能力,以当年销售增长率衡量;i为各个公司,取值从1到164;ε为残差。

表 5－9 列示了 Logistic 回归的分析结果。整个模型的 Chi-square 检验值为 83.718，显著性系数为 0.000，说明回归方程整体上是显著的。对于因子 F1，其显著性系数为 0.258，大于 0.05，说明上市公司股权构成特征并不显著影响财务报告欺诈发生的可能性；对于因子 F2，其系数为显著负相关，说明上市公司股权集中度对财务报告欺诈发生的可能性具有显著的负向影响，即当上市公司股权相对较分散时，其更容易发生财务报告欺诈。对于八个控制变量，其显著性系数均不显著，说明这些因素不会影响财务报告欺诈发生的可能性。综上可见，在 Logistic 回归中控制了一些公司特征因素后发现，公司股权构成特征对财务报告欺诈的影响并不显著，公司股权集中度具有显著负向影响，假设 5.1 和假设 5.2 均未得到验证。

表 5－9　Logistic 回归的分析结果

系数	解释变量	预测关系	估计系数	标准误	Wald 值	显著性
α'	常数	无	6.516	6.914	0.888	0.346
因子 F1(股权构成特征变量)：						
β'_1	F1	无	－0.243	0.215	1.281	0.258
因子 F2(股权集中度变量)：						
β'_2	F2	－	－0.382	0.650	4.185	0.041
控制变量：						
β'_3	IC	无	0.047	0.425	0.012	0.912
β'_4	CS	无	－0.267	0.326	0.669	0.413
β'_5	H	无	21.879	6 074.782	0.000	0.997
β'_6	AO	无	－1.982	1.064	3.474	0.062
β'_7	LEVER	无	0.555	1.467	0.143	0.705
β'_8	ROE	无	－0.003	0.005	0.316	0.574

续 表

系数	解释变量	预测关系	估计系数	标准误	Wald 值	显著性
β'_9	ST	无	−1.686	1.040	2.628	0.105
β'_{10}	RSG	无	−0.147	0.454	0.105	0.746
Chi-Square 检验值：83.718(显著系数：0.000) 样本数：164，其中欺诈样本：82；控制样本：82						

注：显著性水平：0.05；F1 为股权构成特征变量，其值来自因子分析过程；F2 为股权集中度变量，其值来自因子分析过程；IC 为行业变量，公司处于制造业这种竞争激烈、资源较少的行业时取值为1，否则取值为0；CS 为公司规模，以期末总资产的自然对数衡量；H 为欺诈历史，当公司以往年度发生过财务报告欺诈行为时取值为1，否则取值为0；AO 为审计意见，当外部审计师出具标准无保留审计意见时取值为1，否则取值为0；LEVER 为财务杠杆，以期末资产负债率衡量；ROE 为盈利能力，以期末净资产收益率衡量；ST 为财务困境，当公司被处以"特别处理"时取值为1，否则取值为0；RSG 为成长能力，以当年销售增长率衡量。

5.4 小　　结

本章主要从股权结构的角度出发，考察股东大会的特征对财务报告欺诈的影响，包括股权集中度和股权类型两个方面。基于方差分析和 Logistic 回归的实证分析结果，本章提出的两个研究假设均未得到验证。实证研究发现，无论是欺诈样本还是控制样本，大股东持股比例均较高，同时超过一半的样本公司大股东为国有股东；虽然欺诈样本和控制样本的股权集中度均较高，但与控制样本相比，欺诈样本的股权集中度相对较分散；此外，与以往研究认为国有股比例和流通股比例会影响公司业绩和公司治理水平(如徐晓东和陈小悦，2003)不同，本研究并未发现股权结构中国有股所占比例和社会公众股所占比例，对财务报告欺诈发生的可能性有显著影响。

第6章　财务报告欺诈与董事会特征的实证分析

本章主要考察董事会的特征对财务报告欺诈的影响，包括董事会规模、董事持股、董事长变更、董事会独立性和独立董事比例五个方面。具体思路为，首先提出研究假设，其次进行研究模型设计，最后通过方差分析和全样本回归分析得到实证结果并对结果进行解释。

6.1　研究假设的提出

6.1.1　董事会规模对财务报告欺诈的影响

基于第2章对董事会规模与财务报告欺诈之间关系的理论探讨，过大或过小规模的董事会，都不益于充分发挥其职能和作用。一方面，根据组织理论，规模较大的组织会由于缺少充分的沟通和合作而延长达成统一意见的时间，因为规模在一定程度上可以被看作是复杂性的代表。规模相对较小的董事会应更易于发挥监管职能(Jensen，1993)。然而，另一方面，董事会规模过小，也存在一定的弊端，其可能无法提供充足的、专业的服务，同时董事承担过多的工作负担也会影响其服务质量。可以说，当董事会规模较大时，其运作效率会受到影响，产生冗余效果；而当董事会规模较小时，其运作效果会受到影响，从而给公司内部不合法行为创造空间。张潇(2007)曾实证考察中国上市公司董事会规模与会计透明度之间的关系，发现在中国，较大规模的董事会有助于增加公司会计透明度。因此，本研究更关注董事会的运作效果，预期董事会规模与财务报告欺诈之间存在负向关联关系。

假设 6.1：当中国上市公司董事会规模较小时，其发生财务报告欺诈行为的可能性较大。

6.1.2 董事持股对财务报告欺诈的影响

对于董事来说，一个有效的股权合同可以增加其与股东利益的一致性，从而激发董事为实现股东利益最大化而努力。因为股东大会和董事会之间也存在委托代理关系，股东大会委托董事会行使其监管高层管理者的职责，只要有委托代理关系，便可能出现因利益不一致而引发的问题。理论上来讲，当董事和股东一样持有公司股票时，可以减轻利益不一致问题。那么，基于委托代理理论，本研究预期董事持股将有助于减少财务报告欺诈发生的可能性。以往基于中国上市公司的相关研究，实际上并没有得到支持性的结论，如崔学刚(2004)发现董事持股比例对于上市公司财务透明度不存在显著影响。于东智(2001)认为中国上市公司董事持股并不普遍，整体比例相对较低，而这么低的比例很难有效刺激董事为实现股东利益最大化而努力。吕长江和王力斌(2004)与于东智(2001)持有同样观点，实际上这也是很多中国学者在这个问题上持有的观点。

假设 6.2：当中国上市公司董事持股比例较低时，其发生财务报告欺诈行为的可能性较大。

6.1.3 董事长变更对财务报告欺诈的影响

在不考虑非正常因素的情况下，董事长变更可能是被升迁或被解雇，而大股东通常有绝对的权利决定董事长的去留。宋德舜和宋逢明(2005)发现当大股东是国有股东时，其倾向于通过长期绩效来评估董事长的工作；董事长变更作为一种刺激方法，统计研究表明董事长被解雇的可能性常大于被升迁的可能性。董事长与高层管理者在长期工作过程中可能形成紧密的关系,从而会共谋进行不合规行为,当大股东实施监管职能时,其会定期更换董事长以避免上述情况的发生,然而如果大股东在绝对控制之下可左右高层管理者的行为,那么,其可能会较少更换董事长,以维持这种紧密的工作关系。

同时,资本市场对于公司重要成员变动常持较为消极的态度,认为这是不稳定的一种表现。朱红军和林俞(2003)指出资本市场常认为董事长或高层管理者变动是坏消息,不管是其中一个变动还是同时变动,都不会对公司价值产生积极影响。实际上,董事长定期届满更换应有助于保证董事会的独立地位,更好地实施监管职能,董事长长期不更换或是更换较为频繁,应是公司存在异常情况的一个信号。考虑到很少有公司频繁更换董事长,本研究更关注董事长是否长期不更换,并预期发生财务报告欺诈的上市公司,其董事长变更较少。

假设 6.3:发生财务报告欺诈的上市公司会倾向于较少变更董事长。

6.1.4　董事会独立性对财务报告欺诈的影响

董事会代表股东大会行使监管高层管理者工作的职能,作为监管方,董事会和高层管理者之间应保持独立性,才能更有效地执行工作。然而,现实中很多公司董事长和总经理由同一个人担任。由于董事长和总经理属于监管和被监管的角色,当两个职位由同一个人担任时,监管和被监管职责集于一身,这种情况容易导致董事会被内部人所控制,无法有效发挥监管职能(Jensen, 1993; Dunn, 2004),进而给财务欺诈行为留下空间。莫尔兹(Molz, 1988)发现董事长和总经理由同一个人担任的公司,更容易在财务报表中披露虚假信息;西蒙和王家顺(Simon & Wong, 2001)通过实证考察发现当公司董事长和总经理由同一个人担任时,其自愿性信息披露的程度低于其他公司。在第 2 章理论探讨时,本研究曾发现 2008 年中国接近一半的上市公司,存在董事长和总经理由同一个人担任的情况,即董事会被高层管理者控制着。本研究预期董事会缺少独立性,会增加公司进行财务报告欺诈的可能性。

假设 6.4：当中国上市公司董事长和总经理由同一个人担任时，其发生财务报告欺诈行为的可能性较大。

6.1.5 独立董事比例对财务报告欺诈的影响

独立董事被认为是保护中小股东和投资者利益的重要机制，因为独立董事与公司和高层管理者没有直接的经济利益往来，他们更易于客观、公正地发挥监管职能。同时，独立董事为了保持并提升自己在人力资源市场中作为决策控制专家的名誉，他们也有动机好好工作，以防止被监管的公司出现不合法的行为。以往研究曾指出(如 Leftwich et al., 1981; Fama & Jensen, 1983)，董事会中有较高比例的独立董事有助于更好地监管高层管理者的机会主义行为。中国引入独立董事制度相对较晚，据证监会披露，2001 年以前中国上市公司独立董事比例低于 5%。为了提升独立董事对于公司监管的作用，2001 年中国证监会(CSRC)要求全部上市公司建立独立董事制度，并且到 2003 年 6 月 30 日，上市公司董事会中独立董事所占比例不能低于三分之一。很多中国学者，如吕长江和王力斌(2004)，认为独立董事制度有助于增强董事会的独立性，防止内部人控制董事会，进而减少大股东和高层管理者不合规的利己行为。因此，本研究预期董事会中较高比例的独立董事，会减少上市公司的财务报告欺诈行为。

假设 6.5：当中国上市公司董事会中有较高比例的独立董事时，其发生财务报告欺诈行为的可能性较小。

6.2 研究模型

同样地，本部分考察公司董事会特征与财务报告欺诈发生可能性之间的关系，因变量财务报告欺诈为 1/0 变量，因此，Logistic 模型是较为合适的研究模型，欺诈样本和一对一的配对控制样本将被纳入模型中。具体研究模型如下：

$$\begin{aligned} FSF_i = & \alpha + \beta_1 BD1_i + \beta_2 BD2_i + \beta_3 BD3_i + \beta_4 BD4_i + \beta_5 BD5_i + \beta_6 BD6_i \\ & + \beta_7 BD7_i + \beta_8 IC_i + \beta_9 CS_i + \beta_{10} H_i + \beta_{11} AO_i + \beta_{12} LEVER_i \\ & + \beta_{13} ROE_i + \beta_{14} ST_i + \beta_{15} RSG_i + \varepsilon_i \end{aligned} \tag{6.1}$$

其中,FSF 为财务报告欺诈变量,欺诈公司取值为 1,非欺诈公司取值为 0;BD1 为董事会规模,以董事会总人数衡量;BD2 为董事持有公司股份比例;BD3 为董事长变更情况,当欺诈年份董事长发生变更时取值为 1,否则取值为 0;BD4 为董事长兼任总经理情况,当董事长和总经理由同一个人担任时取值为 1,否则取值为 0;BD5 为董事会中独立董事所占比例;BD6 为董事会中内部董事持有公司股份比例;BD7 为当年董事会会议次数;IC 为行业变量,公司处于制造业这种竞争激烈、资源较少的行业时取值为 1,否则取值为 0;CS 为公司规模,以期末总资产的自然对数衡量;H 为欺诈历史,当公司以往年度发生过财务报告欺诈行为时取值为 1,否则取值为 0;AO 为审计意见,当外部审计师出具标准无保留审计意见时取值为 1,否则取值为 0;LEVER 为财务杠杆,以期末资产负债率衡量;ROE 为盈利能力,以期末净资产收益率衡量;ST 为财务困境,当公司被处以“特别处理”时取值为 1,否则取值为 0;RSG 为成长能力,以当年销售增长率衡量;i 为各个公司,取值从 1 到 164;ε 为残差。

本部分关注的重点是董事会特征变量(BD1 到 BD7)对财务报告欺诈的影响作用。模型中同时引入 8 个控制变量,是因为以往研究(如 Loebbecke et al., 1989; Beasley, 1996; Daboub & Calton, 2002)曾指出,这些变量可能与财务报告欺诈发生的动机和条件因素有关,具体可参见第 5 章 5.2 部分的论述。

6.3 实证分析结果及解释

6.3.1 样本组间方差分析

表 6-1 和表 6-2 列示了本研究欺诈样本和控制样本董事会特征变量的描述性统计信息。

表 6－1　欺诈样本董事会特征变量的描述性信息

变　量	BD1	BD2	BD3	BD4	BD5	BD6	BD7
样本数	82	82	82	82	82	82	82
均　值	10.280	0.576	0.240	0.510	14.856	0.011	7.620
标准差	3.056	3.578	0.432	0.503	14.638	0.017	3.579
偏　度 (标准误)	1.509 (0.266)	6.625 (0.266)	1.215 (0.266)	−0.050 (0.266)	0.158 (0.266)	3.452 (0.266)	1.216 (0.266)
峰　度 (标准误)	2.638 (0.526)	44.320 (0.526)	−0.537 (0.526)	−2.048 (0.526)	−1.727 (0.526)	17.839 (0.526)	2.913 (0.526)
最小值	6.000	0.000	0.000	0.000	0.000	0.000	2.000
最大值	20.000	26.960	1.000	1.000	37.500	0.119	23.000
百分位数(25)	8.000	0.000	0.000	0.000	0.000	0.000	5.000
百分位数(50)	10.000	0.014	0.000	1.000	15.480	0.006	7.000
百分位数(75)	11.250	0.033	0.250	1.000	30.000	0.017	10.000

注：BD1 为董事会规模，以董事会总人数衡量；BD2 为董事持有公司股份比例；BD3 为董事长变更情况，当欺诈年份董事长发生变更时取值为 1，否则取值为 0；BD4 为董事长兼任总经理情况，当董事长和总经理由同一个人担任时取值为 1，否则取值为 0；BD5 为董事会中独立董事所占比例；BD6 为董事会中内部董事持有公司股份比例；BD7 为当年董事会会议次数。

表 6－2　控制样本董事会特征变量的描述性信息

变　量	BD1	BD2	BD3	BD4	BD5	BD6	BD7
样本数	82	82	82	82	82	82	82
均　值	9.650	0.019	0.220	0.200	15.696	0.007	6.070
标准差	2.327	0.030	0.416	0.399	15.122	0.010	2.801
偏　度 (标准误)	0.592 (0.266)	2.703 (0.266)	1.381 (0.266)	1.567 (0.266)	0.108 (0.266)	2.878 (0.266)	0.628 (0.266)
峰　度 (标准误)	−0.012 (0.526)	7.464 (0.526)	−0.097 (0.526)	0.468 (0.526)	−1.738 (0.526)	12.928 (0.526)	(0.526)
最小值	6.000	0.000	0.000	0.000	0.000	0.000	1.000
最大值	16.000	0.144	1.000	1.000	42.860	0.065	15.000
百分位数(25)	8.000	0.000	0.000	0.000	0.000	0.000	4.000

续　表

变　量	BD1	BD2	BD3	BD4	BD5	BD6	BD7
百分位数(50)	9.000	0.009	0.000	0.000	17.425	0.003	6.000
百分位数(75)	11.000	0.025	0.000	0.000	30.770	0.010	8.000

注：BD1 为董事会规模，以董事会总人数衡量；BD2 为董事持有公司股份比例；BD3 为董事长变更情况，当欺诈年份董事长发生变更时取值为 1，否则取值为 0；BD4 为董事长兼任总经理情况，当董事长和总经理由同一个人担任时取值为 1，否则取值为 0；BD5 为董事会中独立董事所占比例；BD6 为董事会中内部董事持有公司股份比例；BD7 为当年董事会会议次数。

可见，欺诈样本和控制样本董事会规模(BD1)的均值均为 10 人(分别为 10.28 和 9.65)，差异不明显。欺诈样本董事持有公司股份比例(BD2)的均值为 0.576，最大值为 26.96，控制样本的均值为 0.019，最大值为 0.144，仅从描述性信息来看，欺诈样本的董事拥有较多公司股份。对于董事长变更情况变量(BD3)，欺诈样本的均值为 0.24，控制样本为 0.22，差异不明显。欺诈样本董事长兼任总经理情况变量(BD4)的均值为 0.51，控制样本为 0.2，说明董事会被内部人控制的情况在欺诈样本中相对较多。对于董事会中独立董事所占比例(BD5)，欺诈样本的均值为 14.856，控制样本为 15.696，仅从描述性信息来看，差异不明显。欺诈样本董事会中内部董事持有公司股份比例(BD6)的均值为 0.011，控制样本为 0.007。这里的内部董事是指在董事会中任职的高层管理者，其由于负责公司具体经营事务，可给董事会提供详细的公司内部信息。对于董事会会议次数(BD7)，欺诈样本和控制样本的均值分别为 7.62 和 6.07，表面来看，差异也并不明显。随后，笔者对样本组间进行方差分析，以进一步考察两组之间差异的显著性。

表 6-3　方差齐性检验

变　量	Levene 统计量	df1	df2	显著性
BD1	1.430	1	162	0.233
BD2	7.898	1	162	0.006
BD3	0.542	1	162	0.462
BD4	47.666	1	162	0.000

续　表

变　量	Levene 统计量	df1	df2	显著性
BD5	0.415	1	162	0.520
BD6	6.967	1	162	0.009
BD7	4.021	1	162	0.047

注：显著性水平：0.05；BD1 为董事会规模，以董事会总人数衡量；BD2 为董事持有公司股份比例；BD3 为董事长变更情况，当欺诈年份董事长发生变更时取值为 1，否则取值为 0；BD4 为董事长兼任总经理情况，当董事长和总经理由同一个人担任时取值为 1，否则取值为 0；BD5 为董事会中独立董事所占比例；BD6 为董事会中内部董事持有公司股份比例；BD7 为当年董事会会议次数。

表 6－4　LgBD7 的方差齐性检验

变　量	Levene 统计量	df1	df2	显著性
LgBD7	0.134	1	162	0.715

从表 6－3 的方差齐性检验结果可见，董事会特征变量 BD1，BD3 和 BD5 都通过了齐性检验，而变量 BD2，BD4，BD6 和 BD7 的显著性值分别为 0.006，0.000，0.009 和 0.047，均小于 0.05，因此没有通过齐性检验。通过对变量 BD7 的原始值进行对数处理，再进行方差齐性检验，发现处理后的 BD7 通过了齐性检验，如表 6－4 所示。而变量 BD2，BD4 和 BD6 的原始值，由于部分样本为 0，无法进行对数处理。因此，在后续方差分析中，笔者将不仅仅依据 F 统计量对结果进行解释，还要依据 Brown-Forsythe 统计量和 Welch 统计量，因为当方差齐性无法被假设时，这两个统计量要优于 F 统计量。

表 6－5　方差分析的输出结果(a)

变　量		df	均值平方	F	显著性
BD1	组间	1	16.488	2.235	0.137
	组内	162	7.378		
BD3	组间	1	0.024	0.135	0.713
	组内	162	0.180		
BD5	组间	1	28.963	0.131	0.718
	组内	162	221.485		

续　表

变　　量		df	均值平方	F	显著性
LgBD7	组间	1	0.446	9.777	0.002
	组内	162	0.046		

注：显著性水平：0.05；BD1 为董事会规模，以董事会总人数衡量；BD3 为董事长变更情况，当欺诈年份董事长发生变更时取值为 1，否则取值为 0；BD5 为董事会中独立董事所占比例；BD7 为当年董事会会议次数。

表 6－6　方差分析的输出结果(b)

变　　量		统计量	df1	df2	显著性
BD2	Welch	1.984	1	81.011	0.163
	Brown-Forsythe	1.984	1	81.011	0.163
BD4	Welch	20.013	1	153.990	0.000
	Brown-Forsythe	20.013	1	153.990	0.000
BD6	Welch	4.654	1	129.997	0.033
	Brown-Forsythe	4.654	1	129.997	0.033

注：显著性水平：0.05；BD2 为董事持有公司股份比例；BD4 为董事长兼任总经理情况，当董事长和总经理由同一个人担任时取值为 1，否则取值为 0；BD6 为董事会中内部董事持有公司股份比例。

表 6－5 和表 6－6 的输出结果显示，董事会特征变量 BD1，BD2，BD3 和 BD5 均未通过显著性检验，意味着对于这四个变量，欺诈样本和控制样本之间不存在显著差异。而变量 BD4，BD6 和 BD7 通过了显著性检验(显著性系数分别为 0.000，0.033 和 0.002)，说明对于这三个变量，欺诈样本和控制样本之间存在显著差异。虽然描述性统计结果与控制样本相比，欺诈样本的董事拥有较多公司股份，但方差分析结果并没有显示两个样本组之间的差异非常显著。而对于董事会会议次数，方差分析结果显示欺诈样本和控制样本显著不同，与控制样本相比，欺诈样本召开了更多的董事会会议。

从上述描述性统计信息和方差分析来看，欺诈样本和控制样本的董事会规模处于中等水平①，均值均为 10 人左右，与我们预期的拥有较小规模

① 依据中国公司法，上市公司董事会人数应在 5 至 19 人之间，具体信息来源为：http://www.gov.cn/ziliao/ flfg/2005－10/28/content_85478.htm.

董事会的上市公司更易于发生财务报告欺诈行为不符。欺诈样本和控制样本董事持有公司股份(BD2)比例均较低,均值分别为0.576和0.019,描述性统计结果显示与控制样本相比,欺诈样本的董事拥有较多公司股份,但方差分析显示两个样本组之间的差异并不非常显著。对于欺诈样本的董事拥有较多公司股份,这也与我们的预期不符,理论上来讲,董事拥有公司股份,有助于增加其与股东的利益一致性,不过中国上市公司整体董事持股比例较低,使得董事持股的作用并没有得以发挥。董事长兼任总经理情况(BD4)为衡量董事会是否被高层管理者所控制的变量,结果显示董事会被内部人控制的情况在欺诈样本中更为普遍,超过一半的欺诈样本公司的董事长同时担任总经理。同时,欺诈样本内部董事持有公司股份比例(BD6)也比控制样本相对较高。虽然高层管理者持有公司股份,有助于增加其与股东利益的一致性,但另一方面,这也使得高层管理者过分关注公司业绩和股价,当公司业绩不尽如人意时,高层管理者可能通过各种手段达到自身目的。再加之董事会被内部人控制的情况,进一步给财务报告欺诈行为创造了条件。欺诈样本董事会会议(BD7)较多,可能反映了董事会的工作效率不高。对于董事长变更情况(BD3),欺诈样本和控制样本差异不明显。对于董事会中独立董事所占比例(BD5),欺诈样本和控制样本差异也不明显,仅从方差分析结果来看,独立董事并没有发挥其被期望的作用和职能,即防范公司不合规行为以保护股东的合法权益。

6.3.2 全样本回归分析

根据前述研究模型中涉及的变量,本研究在进行Logistic回归之前,先对七个董事会特征变量进行因子分析,防止在回归中可能出现多重共线性的问题。因为变量BD1至BD7均反映了上市公司的董事会特征,那么有可能它们会包含高度相似的信息,在这种情况下,模型中回归系数的估计会出现误差,从而影响分析结果。因子分析的相关系数矩阵如表6-7所示。

表 6－7　方差分析的相关系数矩阵

		BD1	BD2	BD3	BD4	BD5	BD6	BD7
相关性	BD1	1.000	0.035	－0.030	0.001	0.006	0.044	0.069
	BD2	0.035	1.000	－0.062	0.147	0.117	－0.062	0.129
	BD3	－0.030	－0.062	1.000	－0.104	－0.044	－0.033	0.184
	BD4	0.001	0.147	－0.104	1.000	－0.002	0.055	0.108
	BD5	0.006	0.117	－0.044	－0.002	1.000	－0.196	0.377
	BD6	0.044	－0.062	－0.033	0.055	－0.196	1.000	－0.207
	BD7	0.069	0.129	0.184	0.108	0.377	－0.207	1.000
显著性（一尾检验）	BD1		0.327	0.352	0.497	0.471	0.286	0.190
	BD2	0.327		0.215	0.030	0.068	0.216	0.050
	BD3	0.352	0.215		0.093	0.290	0.340	0.009
	BD4	0.497	0.030	0.093		0.489	0.241	0.084
	BD5	0.471	0.068	0.290	0.489		0.006	0.000
	BD6	0.286	0.216	0.340	0.241	0.006		0.004
	BD7	0.190	0.050	0.009	0.084	0.000	0.004	
KMO 和 Bartlett's 检验值：57.709(显著系数：0.000)								

注：显著性水平：0.05；BD1 为董事会规模，以董事会总人数衡量；BD2 为董事持有公司股份比例；BD3 为董事长变更情况，当欺诈年份董事长发生变更时取值为 1，否则取值为 0；BD4 为董事长兼任总经理情况，当董事长和总经理由同一个人担任时取值为 1，否则取值为 0；BD5 为董事会中独立董事所占比例；BD6 为董事会中内部董事持有公司股份比例；BD7 为当年董事会会议次数。

从表 6－7 可见，七个董事会特征变量之间相关性都不是很高，相关系数最大的来自变量 BD5（董事会中独立董事所占比例）和 BD7（当年董事会会议次数），也仅为 0.377。表 6－8 描述了因子分析中特征值和载荷平方，笔者选取特征值大于 1 的三个因子，得到这三个因子的旋转载荷平方和为 54.961％，即这三个因子仅仅包含了七个董事会特征变量的一半信息。由于研究变量并不高度相关，因此可以排除多元回归分析中可能出现的多重共线性问题，后续直接用本部分的 Logistic 模型进行实证分析。

表 6－8　因子分析的总方差解释

成　分	初始特征值			旋转载荷平方和		
	数值	方差百分比	累计方差百分比	数值	方差百分比	累计方差百分比
1	1.609	22.992	22.992	1.591	22.729	22.729
2	1.216	17.378	40.370	1.223	17.478	40.207
3	1.021	14.592	54.961	1.033	14.755	54.961
4	0.982	14.025	68.987			
5	0.851	12.159	81.145			
6	0.796	11.365	92.510			
7	0.524	7.490	100			

注：方法为主成分分析法。

表 6－9 列示了 Logistic 回归的分析结果。整个模型的 Chi-square 检验值为 103.498，显著系数为 0.000，说明回归方程整体上是显著的。对于董事会特征变量 BD1，BD2，BD3 和 BD5，其显著系数均大于 0.05，未通过显著性检验，说明董事会规模、董事持有公司股份比例、董事长变更情况和董事会中独立董事所占比例并不显著影响上市公司财务报告欺诈发生的可能性。对于变量 BD4 和 BD7，其系数均为显著正相关，说明当上市公司董事长和总经理由同一个人担任时，董事会被内部人所控制，公司发生财务报告欺诈的可能性较大，同时在董事会监管效率较低的情况下，发生财务报告欺诈的公司召开了较多的董事会会议，这个结果与方差分析所得结果是一致的。然而，对于变量 BD6，其在 Logistic 回归中也没有通过显著性检验(显著系数为 0.461)，说明在控制了一些企业自身特征因素后，董事会中内部董事持有公司股份比例并不显著影响上市公司财务报告欺诈发生的可能性。此外，模型中八个控制变量的系数均不显著，说明这些因素不会影响财务报告欺诈发生的可能性。综上可见，对于董事会特征如何影响财务报告欺诈，仅假设 6.4 得到验证，假设 6.1、6.2、6.3 和 6.5 均未得到验证。

表 6-9 Logistic 回归的分析结果

系数	解释变量	预测关系	估计系数	标准误	Wald 值	显著性
α	常数	无	−1.182	8.324	0.020	0.887
董事会特征变量：						
β_1	BD1	无	0.155	0.088	3.083	0.079
β_2	BD2	无	4.551	10.000	0.207	0.649
β_3	BD3	无	0.431	0.589	0.537	0.464
β_4	BD4	+	1.473	0.531	7.682	0.006
β_5	BD5	无	−0.026	0.020	1.604	0.205
β_6	BD6	无	15.326	20.808	0.543	0.461
β_7	BD7	+	0.210	0.093	5.040	0.025
控制变量：						
β_8	IC	无	0.303	0.497	0.373	0.541
β_9	CS	无	−0.116	0.380	0.093	0.760
β_{10}	H	无	21.838	5668.679	0.000	0.997
β_{11}	AO	无	−1.166	1.268	0.847	0.357
β_{12}	LEVER	无	0.912	1.736	0.276	0.599
β_{13}	ROE	无	−0.002	0.004	0.162	0.688
β_{14}	ST	无	−0.696	1.122	0.385	0.535
β_{15}	RSG	无	−0.120	0.492	0.060	0.807
Chi-Square 检验值：103.498(显著系数：0.000) 样本数：164，其中欺诈样本：82；控制样本：82						

注：显著性水平：0.05；BD1 为董事会规模，以董事会总人数衡量；BD2 为董事持有公司股份比例；BD3 为董事长变更情况，当欺诈年份董事长发生变更时取值为 1，否则取值为 0；BD4 为董事长兼任总经理情况，当董事长和总经理由同一个人担任时取值为 1，否则取值为 0；BD5 为董事会中独立董事所占比例；BD6 为董事会中内部董事持有公司股份比例；BD7 为当年董事会会议次数；IC 为行业变量，公司处于制造业这种竞争激烈、资源较少的行业时取值为 1，否则取值为 0；CS 为公司规模，以期末总资产的自然对数衡量；H 为欺诈历史，当公司以往年度发生过财务报告欺诈行为时取值为 1，否则取值为 0；AO 为审计意见，当外部审计师出具标准无保留审计意见时取值为 1，否则取值为 0；LEVER 为财务杠杆，以期末资产负债率衡量；ROE 为盈利能力，以期末净资产收益率衡量；ST 为财务困境，当公司被处以“特别处理”时取值为 1，否则取值为 0；RSG 为成长能力，以当年销售增长率衡量。

6.4 小　　结

本章主要考察董事会特征对财务报告欺诈的影响,包括董事会规模、董事持股、董事长变更、董事会独立性和独立董事比例五个方面。基于方差分析和 Logistic 回归的实证分析结果,本章提出的五个研究假设中,仅假设 6.4(当中国上市公司董事长和总经理由同一个人担任时,其发生财务报告欺诈行为的可能性较大)得到验证,其余假设均未得到验证。实证研究发现,无论是欺诈样本还是控制样本,其董事会规模处于较中等的水平;虽然欺诈样本和控制样本董事持有公司股份比例均较低,但与控制样本相比,欺诈样本董事持有略高的公司股份比例;两个样本组均发生较少的董事长变更,并且董事会拥有较低的独立董事比例;欺诈样本内部董事持有公司股份比例相对较高,然而在控制了一些企业自身特征因素后,内部董事持有公司股份比例的作用不再明显。当上市公司董事长和总经理由同一个人担任时,董事会被内部人所控制,公司发生财务报告欺诈的可能性较大,同时在董事会监管效率较低的情况下,发生财务报告欺诈的公司召开了较多的董事会会议。

第7章　财务报告欺诈与审计委员会特征的实证分析

审计委员会是董事会下设的专业委员会，被认为是股东权益的终极守护者，作为英美系治理结构的典型代表，也存在于中国公司治理结构中。本章主要考察审计委员会的特征对财务报告欺诈的影响，具体思路为：首先提出研究假设，其次进行研究模型设计，最后通过方差分析和全样本回归分析得到实证结果并对结果进行解释。

7.1　研究假设的提出

审计委员会在公司治理结构中主要负责内部审计和外部审计之间的有效沟通、监督内部控制的效率和效果，以及防范财务报告过程中的任何不合规行为(AICPA, 1987; AICPA, 1993; SAS No. 53)。审计委员会由董事会设立，说明其职能和规则是由董事会制定和认可的，审计委员会的一个重要职能是监督和控制财务报告过程以保证会计信息的质量和真实性(Pincus et al., 1989; Menon & Williams, 1994; Abbott et al., 2004; Persons, 2009)。以往针对美国上市公司的研究(如 DeFond & Jiambalvo, 1994; Dechow et al., 1996; McMullen, 1996)认为，参与财务报告欺诈的公司通常拥有无效的审计委员会或根本没有审计委员会。审计委员会制度在西方国家发展相对成熟，西方很多报告(如美国证券监督管理委员会、美国 Treadway 委员会等)论述了审计委员会作为公司治理结构中重要角色的意义，并提供了委员会职能和责任的相关建议。2002 年，中国证券监督管理委员会(CSRC)要求上市公司建立审计委员会制度。虽然对于中国上市公司设立审计委员会,中国证监会已经发布了一些大的指导方针,但对于审计委员会详细具体的责任安排、评估委员会的工作以及如果工作效率低下如何对其进行惩罚等规则,仍然不够完善。中国上市公司对于审计委员会制度,仍在摸索着进行,很多中国学者(如王跃堂和涂建明,2006;张斌,2007)探讨设立审计委员会的重要意义,并建议审计委员会机制应在中国公司治理中发挥重要作用,以保证上市公司会计信息质量和决策有用性。基于审计委员会被赋予的职责,本研究预期建立审计委员会有助于减少和防范上市公司的财务报告欺诈行为。

假设 7:当中国上市公司拥有审计委员会时,其发生财务报告欺诈行为的可能性较小。

7.2 研究模型

本部分考察公司审计委员会特征与财务报告欺诈发生可能性之间的关系,因变量财务报告欺诈为 1/0 变量,因此,Logistic 模型是较为合适的研究模型,欺诈样本和一对一的配对控制样本将被纳入模型中。具体研究模型如下:

$$\begin{aligned}FSF_i = {} & \alpha + \beta_1 AC_i + \beta_2 OUT_i + \beta_3 IND_i + \beta_4 IC_i + \beta_5 CS_i + \beta_6 H_i + \beta_7 AO_i \\ & + \beta_8 LEVER_i + \beta_9 ROE_i + \beta_{10} ST_i + \beta_{11} RSG_i + \varepsilon_i \end{aligned} \tag{7.1}$$

其中,FSF 为财务报告欺诈变量,欺诈公司取值为 1,非欺诈公司取值为 0;AC 为审计委员会设立情况,当欺诈年份公司已设立审计委员会时取值为 1,否则取值为 0;OUT 为董事会中外部董事所占比例;IND 为董事会中独立董事所占比例;IC 为行业变量,公司处于制造业这种竞争激烈、资源较少的行业时取值为 1,否则取值为 0;CS 为公司规模,以期末总资产的自然对数衡量;H 为欺诈历史,当公司以往年度发生过财务报告欺诈行为时取值为 1,否则取值为 0;AO 为审计意见,当外部审计师出具标准无保留审计意见时取值为 1，否则取值为 0；LEVER 为财务杠杆，以期末资产负债率衡量；ROE 为盈利能力，以期末净资产收益率衡量；ST 为财务困境，当公司被处以“特别处理”时取值为 1，否则取值为 0；RSG 为成长能力，以当年销售增长率衡量；i 为各个公司，取值从 1 到 164；ε 为残差。

本部分关注的重点是审计委员会特征变量（AC）对财务报告欺诈的影响作用。模型中还包含了董事会中外部董事所占比例（OUT）和董事会中独立董事所占比例（IND），因为董事会的构成特征可能会影响审计委员会作用的发挥。这里之所以同时提到外部董事和独立董事，是因为这两者在中国是不同的，外部董事为来自公司外部、不参与公司实际运营的人员，其可能是独立的，也可能是不独立的，典型的例子为大股东委派到董事会的董事①，其不在公司任职，但作为大股东与公司有着经济利益关联；而独立董事是与公司完全独立的，不存在投资等经济利益关联。外部董事可以代表大股东的利益，但是可能很难有效代表中小股东利益，而独立董事需要维护全体股东利益。同时，模型中引入 8 个控制变量，是因为以往研究（如 Loebbecke et al.，1989；Beasley，1996；Daboub & Calton，2002）曾指出，这些变量可能与财务报告欺诈发生的动机和条件因素有关，具体可参见第 5 章 5.2 部分的论述。

7.3　实证分析结果及解释

7.3.1　样本组间方差分析

表 7－1 和表 7－2 列示了本研究欺诈样本和控制样本审计委员会特征变量的描述性统计信息。

① 国外学者称这一类型的董事为“灰色外部董事（grey directors，i. e.，outside directors who have affiliations with management）”（Hermalin & Weisbach，1998；Lee et al.，1992；Shivdasani，1993）。

表 7-1 欺诈样本审计委员会特征变量的描述性信息

变量	样本数	均值	标准差	偏度（标准误）	峰度（标准误）	最小值	最大值
AC	82	0.29	0.458	0.928（0.266）	-1.167（0.526）	0.00	1.00

注：AC 为审计委员会设立情况，当欺诈年份公司已设立审计委员会时取值为 1，否则取值为 0。

表 7-2 控制样本审计委员会特征变量的描述性信息

变量	样本数	均值	标准差	偏度（标准误）	峰度（标准误）	最小值	最大值
AC	82	0.16	0.367	1.905（0.266）	1.668（0.526）	0.00	1.00

注：AC 为审计委员会设立情况，当欺诈年份公司已设立审计委员会时取值为 1，否则取值为 0。

可见，对于是否设立审计委员会，欺诈样本的均值为 0.29，标准差为 0.458，控制样本的均值为 0.16，标准差为 0.367。仅从描述性信息来看，与控制样本相比，较多欺诈样本公司设立了审计委员会。随后，笔者对样本组间进行方差分析，以进一步考察两组之间差异的显著性。

表 7-3 方差齐性检验

变 量	Levene 统计量	df1	df2	显著性
AC	17.952	1	162	0.000

注：显著性水平：0.05。

从表 7-3 的方差齐性检验结果可见，审计委员会特征变量 AC 的显著性值为 0.000，小于 0.05，没有通过齐性检验。而 AC 的原始值，由于部分样本为 0，无法进行对数处理。因此，在后续方差分析中，笔者将不仅仅依据 F 统计量对结果进行解释，还要依据 Brown-Forsythe 统计量和 Welch 统计量，因为当方差齐性无法被假设时，这两个统计量要优于 F 统计量。

表 7-4 的输出结果显示，审计委员会特征变量 AC 通过了显著性检验（显著性系数为 0.04），说明对于这个变量，欺诈样本和控制样本之间存在显著差异。从上述描述性统计信息和方差分析来看，审计委员会在欺诈样本和控制样本中均不是很普遍：仅 29％的欺诈公司和 16％的控制公司

设立了审计委员会。最主要的原因为中国引入审计委员会制度较晚，中国证监会(CSRC)正式要求上市公司设立审计委员会是在 2002 年，同年明确了一些审计委员会的职能和设立指导方针。笔者将 2002 年之前的案例去除，对两个样本组审计委员会情况进行重新计算，发现 2002 年之后，56%的欺诈公司和 31%的控制公司设立了审计委员会，可见，审计委员会仍然不是很普遍。方差分析的结果显示，较多的欺诈样本公司设立了审计委员会，这与我们的预期不符。可能的原因为：第一，尽管审计委员会制度已被引进中国，并且理论上认可了其监督内部控制效率和效果、防范财务报告过程中任何不合规行为的职能，但在公司实际运营中，审计委员会并没有发挥其被预期的作用；第二，与前述相反地，设立了审计委员会的上市公司，更容易发现其内部存在的财务报告欺诈行为。对于这两点原因解释，本研究认为第一点更符合实际情况。在审计委员会制度并不成熟的情况下，上市公司很可能为了满足监管要求，形式上设立了审计委员会，但实质上并没有令其发挥作用，而发生财务报告欺诈的公司，为了显示其拥有"合理"的公司治理结构，形式上设立审计委员会的动机会更强。除此之外，中国证监会虽然对于上市公司设立审计委员会已经发布了一些大的指导方针，但对于审计委员会详细具体的责任安排、评估委员会的工作以及如果工作效率低下如何对其进行惩罚等规则，仍然不够完善。这也一定程度上增加了审计委员会发挥其实质作用和职能的难度。

表 7－4　方差分析的输出结果

变　　量		统计量	df1	df2	显著性
AC	Welch	4.282	1	154.763	0.040
	Brown-Forsythe	4.282	1	154.763	0.040

注：显著性水平：0.05；AC 为审计委员会设立情况，当欺诈年份公司已设立审计委员会时取值为 1，否则取值为 0。

7.3.2　全样本回归分析

本研究在进行 Logistic 回归之前，先对研究变量进行因子分析，防止在回归中可能出现多重共线性的问题。当变量包含高度相似的信息时，模型中回归系数的估计会出现误差，从而影响分析结果。因子分析的相关系数矩阵如表 7－5 所示。

表 7－5　方差分析的相关系数矩阵

		AC	OUT	IND
相关性	AC	1.000	0.117	0.471
	OUT	0.117	1.000	0.306
	IND	0.471	0.306	1.000
显著性（一尾检验）	AC		0.067	0.000
	OUT	0.067		0.000
	IND	0.000	0.000	
KMO 和 Bartlett's 检验值：56.504(显著系数：0.000)				

注：显著性水平：0.05；AC 为审计委员会设立情况，当欺诈年份公司已设立审计委员会时取值为 1，否则取值为 0；OUT 为董事会中外部董事所占比例；IND 为董事会中独立董事所占比例。

表 7－6　因子分析的总方差解释

成　分	初始特征值			旋转载荷平方和		
	数值	方差百分比	累计方差百分比	数值	方差百分比	累计方差百分比
1	1.620	53.992	53.992	1.620	53.992	53.992
2	0.894	29.792	83.784			
3	0.486	16.216	100			

注：方法为主成分分析法。

从表 7－5 可见，三个研究变量之间相关性都不是很高，相关系数最大的来自变量 AC(审计委员会设立情况)和 IND(董事会中独立董事所占比例)，也仅为 0.471。表 7－6 描述了因子分析中特征值和载荷平方，只有一个因子的特征值大于 1，其旋转载荷平方和为 53.992%，即这个因子仅仅包含了三个研究变量的一半信息。由于研究变量并不高度相关，因此可以排除多元回归分析中可能出现的多重共线性问题，后续将直接用本部分的 Logistic 模型进行实证分析。

表 7－7 列示了 Logistic 回归的分析结果。整个模型的 Chi-square 检验值为 84.986，显著系数为 0.000，说明回归方程整体上是显著的。对于审计委员会特征变量 AC，其显著系数为 0.093，大于 0.05，未通过显著性检验，说明上市公司是否设立审计委员会并不显著影响财务报告欺诈发生的可能性。这个结果虽然与方差分析的结果不完全一致，但都显示出审计委员会并没有起到有效控制和防范财务报告欺诈的作用。审计委员会制度的推进与完善在中国仍然任重而道远。实际上，西方很多学者（如 Sommer，1991；Beasley，1996）也得到了类似的研究结论，即虽然理论上审计委员会被认为是股东权益的最终保护者，但实证研究发现，即便不是全部，至少是大部分公司的审计委员会，并没有发挥其应该发挥的作用。对于变量 OUT 和 IND，其未通过显著性检验（显著系数分别为 0.586 和 0.325），说明董事会中外部董事所占比例和独立董事所占比例，不会对财务报告欺诈发生的可能性产生显著影响。此外，模型中 8 个控制变量的系数也均不显著，说明这些因素不会影响财务报告欺诈发生的可能性。综上可见，对于审计委员会特征如何影响财务报告欺诈，研究假设 7 未得到验证。

表 7－7　Logistic 回归的分析结果

系数	解释变量	预测关系	估计系数	标准误	Wald 值	显著性
α	常数	无	3.792	7.501	0.256	0.613
审计委员会特征变量：						
β_1	AC	无	1.029	0.613	2.820	0.093
控制变量：						
β_2	OUT	无	−0.009	0.017	0.297	0.586
β_3	IND	无	−0.020	0.020	0.970	0.325
β_4	IC	无	−0.008	0.439	0.000	0.986
β_5	CS	无	−0.141	0.340	0.171	0.679
β_6	H	无	21.773	6 036.503	0.000	0.997
β_7	AO	无	−1.566	1.111	1.988	0.159

续　表

系数	解释变量	预测关系	估计系数	标准误	Wald 值	显著性
β_8	LEVER	无	1.490	1.530	0.949	0.330
β_9	ROE	无	−0.004	0.005	0.590	0.442
β_{10}	ST	无	−1.691	1.079	2.458	0.117
β_{11}	RSG	无	−0.068	0.440	0.024	0.876
Chi-Square 检验值：84.986(显著系数：0.000) 样本数：164，其中欺诈样本：82；控制样本：82						

注：显著性水平：0.05；AC 为审计委员会设立情况，当欺诈年份公司已设立审计委员会时取值为 1，否则取值为 0；OUT 为董事会中外部董事所占比例；IND 为董事会中独立董事所占比例；IC 为行业变量，公司处于制造业这种竞争激烈、资源较少的行业时取值为 1，否则取值为 0；CS 为公司规模，以期末总资产的自然对数衡量；H 为欺诈历史，当公司以往年度发生过财务报告欺诈行为时取值为 1，否则取值为 0；AO 为审计意见，当外部审计师出具标准无保留审计意见时取值为 1，否则取值为 0；LEVER 为财务杠杆，以期末资产负债率衡量；ROE 为盈利能力，以期末净资产收益率衡量；ST 为财务困境，当公司被处以“特别处理”时取值为 1，否则取值为 0；RSG 为成长能力，以当年销售增长率衡量。

7.4 小　结

审计委员会是董事会下设的专业委员会，被认为是股东权益的终极守护者。本章主要考察审计委员会的特征对财务报告欺诈的影响。基于方差分析和 Logistic 回归的实证分析结果，本章提出的研究假设(当中国上市公司拥有审计委员会时，其发生财务报告欺诈行为的可能性较小)并未得到验证。实证研究发现，审计委员会在欺诈样本和控制样本中均不是很普遍：2002 年之后，56%的欺诈公司和 31%的控制公司设立了审计委员会。方差分析的结果显示，较多的欺诈样本公司设立了审计委员会，可能的原因为：第一，尽管审计委员会制度已被引进中国，并且理论上认可了其监督内部控制效率和效果、防范财务报告过程中任何不合规行为的职能，但在公司实际运营中，审计委员会并没有发挥其被预期的作用；第二，与前述相反，设立了审计委员会的上市公司，更容易发现其内部存在的财务报告欺诈行为。对于这两点原因解释，本研究认为第一点更符合实际情况。在审计委员会制度并不成熟的情况下,上市公司很可能为了满足监管要求,形式上设立了审计委员会,但实质上并没有令其发挥作用,而发生财务报告欺诈的公司,为了显示其拥有“合理”的公司治理结构,形式上设立审计委员会的动机会更强。除此之外,中国证监会对于上市公司设立审计委员会的一些详细具体的规则仍然不够完善,这也一定程度上增加了审计委员会发挥实质作用和职能的难度。在控制了一些企业自身特征因素后,实证结果显示,审计委员会并没有发挥其被赋予的控制和防范财务报告欺诈行为的作用。

第8章 财务报告欺诈与监事会特征的实证分析

监事会作为欧洲大陆系治理结构的典型代表，也存在于中国公司治理结构中。格瑞等(Gerum et al.，1988)和施密特(Schmidt，2003)指出监事会没有正式的权利去明确指导高层管理者的工作，但是高层管理者需要定期向监事会报告工作，并且在进行重大决策时须听取监事会的意见。在德国公司治理结构中，监事会有权任命或解聘董事会成员，并决定高层管理者的薪酬，这点与中国监事会的权力不同。一些中国学者(如李维安和郝臣，2006)对于上市公司监事会的监管作用以及其对公司业绩的积极影响，并没有持乐观的态度。

本章主要考察监事会的特征对财务报告欺诈的影响，包括监事会规模和监事持股两个方面。具体思路为，首先提出研究假设，其次进行研究模型设计，最后通过方差分析和全样本回归分析得到实证结果并对结果进行解释。

8.1 研究假设的提出

8.1.1 监事会规模对财务报告欺诈的影响

对于监事会规模对财务报告欺诈的影响，其与董事会规模较为类似。监事会负责监督公司运营的效率和效果，防止董事会、高层经理人员滥用职权，损害公司和股东利益。过大或过小规模的监事会，都不能有效地发挥其监督职能。在组织理论中，当一个组织规模较大时，其内部沟通和合作的充分性会受到影响，同时较多人员需要较长时间达成统一意见，从而降低组织的运作效率。因此，规模较大的监事会可能会产生冗余效果，不利于其有效监管公司及内部人员的工作。然而，另一方面，当监事会规模过小时，其可能无法提供充足的、专业的服务，同时较少的监事承担较多的工作负担也会影响其服务质量，从而降低监事会的运作效果。过大规模的监事会会影响其运作效率，而过小规模的监事会会影响其运作效果。与董事会规模的探讨类似，本研究更关注监事会的运作效果，预期监事会规模与财务报告欺诈之间存在负向关联关系。

假设 8.1：当中国上市公司监事会规模较小时，其发生财务报告欺诈行为的可能性较大。

8.1.2　监事持股对财务报告欺诈的影响

理论上来讲，监事会执行监督公司和内部人员的职能，是为了保护股东的利益。那么，对于监事来说，一个有效的股权合同可以增加其与股东利益的一致性，从而激发监事为实现股东利益最大化而努力。这点与董事持股和高层管理者持股的理论作用相同。只要监事与股东之间存在利益不一致问题，就可能存在监事为了实现自身利益而牺牲股东利益的情况，即可能出现道德危机问题。当监事持有公司股票，其也成为公司股东之一，便有动机为了自身利益去充分执行监督职能，一定程度上也保护了其他股东的利益。因此，与董事持股的探讨类似，本研究预期监事持股将有助于减少财务报告欺诈发生的可能性。

假设 8.2：当中国上市公司监事持股比例较低时，其发生财务报告欺诈行为的可能性较大。

8.2　研 究 模 型

本部分考察公司监事会特征与财务报告欺诈发生可能性之间的关系，

因变量财务报告欺诈为1/0变量，因此，Logistic模型是较为合适的研究模型，欺诈样本和一对一的配对控制样本将被纳入模型中。具体研究模型如下：

$$FSF_i = \alpha + \beta_1 SB1_i + \beta_2 SB2_i + \beta_3 SB3_i + \beta_4 IC_i + \beta_5 CS_i + \beta_6 H_i + \beta_7 AO_i + \beta_8 LEVER_i + \beta_9 ROE_i + \beta_{10} ST_i + \beta_{11} RSG_i + \varepsilon_i \quad (8.1)$$

其中，FSF为财务报告欺诈变量，欺诈公司取值为1，非欺诈公司取值为0；SB1为监事会规模，以监事会总人数衡量；SB2为监事持有公司股份比例；SB3为当年监事会会议次数；IC为行业变量，公司处于制造业这种竞争激烈、资源较少的行业时取值为1，否则取值为0；CS为公司规模，以期末总资产的自然对数衡量；H为欺诈历史，当公司以往年度发生过财务报告欺诈行为时取值为1，否则取值为0；AO为审计意见，当外部审计师出具标准无保留审计意见时取值为1，否则取值为0；LEVER为财务杠杆，以期末资产负债率衡量；ROE为盈利能力，以期末净资产收益率衡量；ST为财务困境，当公司被处以“特别处理”时取值为1，否则取值为0；RSG为成长能力，以当年销售增长率衡量；i为各个公司，取值从1到164；ε为残差。

本部分关注的重点是监事会特征变量(SB1到SB3)对财务报告欺诈的影响作用。模型中同时引入8个控制变量，是因为以往研究(如Loebbecke et al., 1989; Beasley, 1996; Daboub & Calton, 2002)曾指出，这些变量可能与财务报告欺诈发生的动机和条件因素有关，具体可参见第5章5.2部分的论述。

8.3 实证分析结果及解释

8.3.1 样本组间方差分析

表8-1和表8-2列示了本研究欺诈样本和控制样本监事会特征变量的描述性统计信息。

表 8－1　欺诈样本监事会特征变量的描述性信息

变量	样本数	均值	标准差	偏度（标准误）	峰度（标准误）	最小值	最大值
SB1	82	4.02	1.100	0.465 (0.266)	−0.852 (0.526)	3.00	7.00
SB2	82	0.005 6	0.007 7	1.682 (0.266)	2.327 (0.526)	0.000 0	0.032 0
SB3	82	3.70	1.942	1.107 (0.266)	1.296 (0.526)	0.00	10.00

注：SB1 为监事会规模，以监事会总人数衡量；SB2 为监事持有公司股份比例；SB3 为当年监事会会议次数。

表 8－2　控制样本监事会特征变量的描述性信息

变量	样本数	均值	标准差	偏度（标准误）	峰度（标准误）	最小值	最大值
SB1	82	4.11	1.305	0.714 (0.266)	−0.413 (0.526)	2.00	7.00
SB2	82	0.004 9	0.009 0	3.371 (0.266)	14.993 (0.526)	0.000 0	0.057 7
SB3	82	3.50	1.933	1.247 (0.266)	3.305 (0.526)	1.00	12.00

注：SB1 为监事会规模，以监事会总人数衡量；SB2 为监事持有公司股份比例；SB3 为当年监事会会议次数。

可见，欺诈样本和控制样本监事会规模（SB1）的均值均为 4 人（分别为 4.02 和 4.11），差异不明显。欺诈样本监事持有公司股份比例（SB2）的均值为 0.005 6，最大值为 0.032，控制样本的均值为 0.004 9，最大值为 0.057 7，仅从描述性信息来看，欺诈样本的监事拥有较多公司股份，并且样本组内部公司之间的差异较小（标准差为 0.007 7）。对于监事会会议次数（SB3），欺诈样本和控制样本的均值分别为 3.7 和 3.5，表面来看，差异也并不明显。随后，笔者对样本组间进行方差分析，以进一步考察两组之间差异的显著性。

表 8－3　方差齐性检验

变　量	Levene 统计量	df1	df2	显著性
SB1	3.443	1	162	0.065
SB2	0.048	1	162	0.827
SB3	0.029	1	162	0.865

注：显著性水平：0.05；其中，SB1 为监事会规模，以监事会总人数衡量；SB2 为监事持有公司股份比例；SB3 为当年监事会会议次数。

从表 8－3 的方差齐性检验结果可见，监事会特征变量 SB1、SB2 和 SB3 都通过了齐性检验，显著性值分别为 0.065、0.827 和 0.865。表 8－4 的输出结果显示，监事会特征变量 SB1、SB2 和 SB3 均未通过显著性检验，意味着对于监事会规模、监事持有公司股份比例和当年监事会会议次数，欺诈样本和控制样本之间不存在显著差异。

从上述描述性统计信息和方差分析来看，欺诈样本和控制样本的监事会规模均不大①，均值均为 4 人左右，与我们预期的拥有较小规模监事会的上市公司更易于发生财务报告欺诈行为不符。欺诈样本和控制样本监事持有公司股份比例均较低，均值分别为 0.005 6 和 0.004 9，虽然方差分析显示两个样本组之间的差异并不非常显著，但描述性统计结果显示与控制样本相比，欺诈样本的监事拥有较多公司股份。对于欺诈样本的监事拥有较多公司股份，这也与我们的预期不符，理论上来讲，监事拥有公司股份，有助于增加其与股东的利益一致性，不过中国上市公司整体监事持股比例较低，使得监事持股的作用并没有得以发挥。同时，基于第 6 章的实证结果：欺诈样本的董事拥有较多公司股份；超过一半的欺诈样本公司的董事长同时担任总经理，即董事会被内部人控制的情况在欺诈样本中更为普遍，在这种情况下，监事会更难发挥作用。加之中国上市公司监事会，并不拥有像德国监事会那样的权力，包括有权任命或解聘董事会成员、决定高层管理者的薪酬等，这使得监事会的职能发挥更加受到限制。对于监事

① 基于中国公司法，上市公司监事会应至少由 3 名成员组成，具体信息来源：http://www.gov.cn/ziliao/ flfg/2005－10/28/content_85478.htm.

会年度会议次数，欺诈样本和控制样本均为 4 次左右，差异并不明显。仅从方差分析结果来看，监事会并没有发挥其被期望的作用和职能，即防范公司不合规行为以保护股东的合法权益。

表 8-4　方差分析的输出结果

变　　量		df	均值平方	F	显著性
SB1	组间	1	0.299	0.205	0.651
	组内	162	1.457		
SB2	组间	1	0.000	0.251	0.617
	组内	162	0.000		
SB3	组间	1	1.561	0.416	0.520
	组内	162	3.752		

注：显著性水平：0.05；其中，SB1 为监事会规模，以监事会总人数衡量；SB2 为监事持有公司股份比例；SB3 为当年监事会会议次数。

8.3.2　全样本回归分析

本研究在进行 Logistic 回归之前，先对研究变量进行因子分析，防止在回归中可能出现多重共线性的问题。当变量包含高度相似的信息时，模型中回归系数的估计会出现误差，从而影响分析结果。因子分析的相关系数矩阵如表 8-5 所示。

表 8-5　方差分析的相关系数矩阵

		SB1	SB2	SB3
相关性	SB1	1.000	0.142	−0.023
	SB2	0.142	1.000	−0.035
	SB3	−0.023	−0.035	1.000
显著性（一尾检验）	SB1		0.035	0.387
	SB2	0.035		0.330
	SB3	0.387	0.330	
KMO 和 Bartlett's 检验值：3.524（显著系数：0.318）				

注：显著性水平：0.05；其中，SB1 为监事会规模，以监事会总人数衡量；SB2 为监事持有公司股份比例；SB3 为当年监事会会议次数。

从表8－5可见，三个研究变量之间相关性都不是很高，相关系数最大的来自变量SB1（监事会规模）和SB2（监事持有公司股份比例），仅为0.142。表8－6描述了因子分析中的特征值和载荷平方，只有一个因子的特征值大于1，其旋转载荷平方和为38.422%，即这个因子仅仅包含了三个研究变量不到40%的信息。由于研究变量并不高度相关，因此可以排除多元回归分析中可能出现多重共线性问题，后续直接用本部分的Logistic模型进行实证分析。

表8－6　因子分析的总方差解释

成　分	初始特征值			旋转载荷平方和		
	数值	方差百分比	累计方差百分比	数值	方差百分比	累计方差百分比
1	1.153	38.422	38.422	1.153	38.422	38.422
2	0.990	32.992	71.415			
3	0.858	28.585	100			

注：方法为主成分分析法。

表8－7　Logistic回归的分析结果

系数	解释变量	预测关系	估计系数	标准误	Wald值	显著性
α	常数	无	7.163	6.654	1.159	0.282
监事会特征变量：						
β_1	SB1	无	0.023	0.169	0.018	0.893
β_2	SB2	无	4.907	24.372	0.041	0.840
β_3	SB3	无	0.145	0.106	1.883	0.170
控制变量：						
β_4	IC	无	0.057	0.439	0.017	0.897
β_5	CS	无	−0.333	0.315	1.115	0.291
β_6	H	无	21.926	6 070.675	0.000	0.997
β_7	AO	无	−1.993	1.104	3.259	0.071
β_8	LEVER	无	0.710	1.468	0.234	0.628

续　表

系数	解释变量	预测关系	估计系数	标准误	Wald 值	显著性
β_9	ROE	无	－0.003	0.005	0.379	0.538
β_{10}	ST	无	－1.549	1.061	2.131	0.144
β_{11}	RSG	无	－0.110	0.455	0.059	0.808
Chi-Square 检验值：83.667(显著系数：0.000) 样本数：164，其中欺诈样本：82；控制样本：82						

注：显著性水平：0.05；SB1 为监事会规模，以监事会总人数衡量；SB2 为监事持有公司股份比例；SB3 为当年监事会会议次数；IC 为行业变量，公司处于制造业这种竞争激烈、资源较少的行业时取值为 1，否则取值为 0；CS 为公司规模，以期末总资产的自然对数衡量；H 为欺诈历史，当公司以往年度发生过财务报告欺诈行为时取值为 1，否则取值为 0；AO 为审计意见，当外部审计师出具标准无保留审计意见时取值为 1，否则取值为 0；LEVER 为财务杠杆，以期末资产负债率衡量；ROE 为盈利能力，以期末净资产收益率衡量；ST 为财务困境，当公司被处以"特别处理"时取值为 1，否则取值为 0；RSG 为成长能力，以当年销售增长率衡量。

表 8－7 列示了 Logistic 回归的分析结果。整个模型的 Chi-square 检验值为 83.667，显著系数为 0.000，说明回归方程整体上是显著的。对于监事会特征变量 SB1、SB2 和 SB3，其显著系数分别为 0.893、0.84 和 0.17，均大于 0.05，未通过显著性检验，说明上市公司监事会规模、监事持有公司股份比例和监事会年度会议次数并不显著影响财务报告欺诈发生的可能性。这个结果与方差分析的结果一致，即虽然理论上监事会被认为是公司和内部人员的监督者、股东权益的保护者，但在实际工作中，监事会并没有发挥其应该发挥的作用。此外，模型中 8 个控制变量的系数也均不显著，说明这些因素不会影响财务报告欺诈发生的可能性。综上可见，对于监事会特征如何影响财务报告欺诈，研究假设 8.1 和 8.2 均未得到验证。

8.4　小　　结

本章主要考察监事会的特征对财务报告欺诈的影响，包括监事会规模和监事持股两个方面。基于方差分析和 Logistic 回归的实证分析结果，本章提出的两个研究假设(假设 8.1：当中国上市公司监事会规模较小时,其发生财务报告欺诈行为的可能性较大;假设 8.2：当中国上市公司监事持股比例较低时,其发生财务报告欺诈行为的可能性较大)均未得到验证。实证研究发现,无论是欺诈样本还是控制样本,其监事会规模均不大;虽然欺诈样本和控制样本监事持有公司股份比例均较低,但与控制样本相比,欺诈样本监事持有略高的公司股份比例;对于监事会年度会议次数,欺诈样本和控制样本均为 4 次左右,差异并不明显。结合第 6 章的实证结果:董事会被内部人控制的情况在欺诈样本中更为普遍,在这种情况下,监事会较难发挥作用。加之中国上市公司监事会,并不拥有德国监事会的权力,包括有权任命或解聘董事会成员、决定高层管理者的薪酬等,这使得监事会的职能发挥更加受到限制。综上,虽然理论上监事会被认为是公司和内部人员的监督者、股东权益的保护者,但在实际工作中,监事会并没有发挥其应该发挥的作用。

第 9 章　财务报告欺诈与高管特征的实证分析

高层管理者在公司治理结构中属于内部治理方，其也通常被认为是被监管方，因为高层管理者对财务报告的真实性、准确性和会计信息质量负主要责任，其他参与方（如董事会、监事会、审计委员会等）则负监督责任。公司治理结构中包含高层管理者，并不是意味着其自己治理自己，而是公司治理作为一种机制，需要针对高层管理者本身设置一些刺激或约束，以规范其行为，其他参与方更多是提供外部监督的保障。

本章主要考察高层管理者的特征对财务报告欺诈的影响，包括高管持股和高管变更两个方面。具体思路为，首先提出研究假设，其次进行研究模型设计，最后通过方差分析和全样本回归分析得到实证结果并对结果进行解释。

9.1　研究假设的提出

9.1.1　高管持股对财务报告欺诈的影响

基于第 2 章的理论探讨和以往研究（如 Jensen & Warner, 1988; Jensen & Murphy, 1990; Beasley, 1996），当高层管理者持有较少公司股票时，其与公司的财务利益关联较小，那么便存在较大动机通过牺牲股东和公司的利益来满足自身利益需求。根据代理理论，只要高层管理者持有少于 100%的公司股票，其就会存在浪费、滥用或转移公司资源的动机，即所谓的道德危机。而高层管理者持有较多公司股票,可以在一定程度上缓解其与公司股东之间的利益不一致问题,进而更愿意增加股东财富价值,高层管理者持有公司股票可以作为避免其利己行为的一种控制手段。

高层管理者持有公司股票最早起源于美国发达资本市场,然而,它常被称为是一把“双刃剑”。一方面,其被作为激励高层管理者工作的一种手段,高层管理者持有公司股票可以增加其与股东利益的一致性,从而激励其更好地工作以增加公司和股东财富,如果股东对经理层工作不满意,他们至少可以通过卖股票的方式来表达不满,因为股票价格下降会使经理层同时遭受损失。而另一方面,就近些年安然、世界通等大公司爆发出的财务欺诈行为来看,高层管理者持有公司股票又被认为是财务欺诈的罪魁祸首(Sen, 2007)。当高层管理者持有较多公司股票时,会增加高层管理者操纵股票价格的动机。高层管理者利用各种手段维持或提升公司股票价格,会使其直接受益,财务欺诈行为便是手段之一,而财务欺诈行为的成本主要来自被发现后的违规成本。如果公司的治理效率较低导致欺诈被发现的可能性较小,或欺诈被发现后的违规成本较低,那么,对于功利的经济人来说,在收益远大于成本的情况下,其极有可能选择财务欺诈手段。

在中国,高层管理者持有公司股票的情况并不普遍,即便持有也是比例较低,因此,本研究更多关注高管持股带来的正面效应。虽然理论上,高管持有一定数额的公司股份已经被认可会刺激高层管理者更好地工作来增加公司和股东利益,但很多基于中国上市公司的相关研究并没有得到支持性的结论。如梁杰等(2004)指出高管持股并没有在欺诈公司和非欺诈公司之间存在明显差异。崔学刚(2004)发现中国上市公司高管持股存在特殊性:首先,高管持有公司股份比例一般都较低,那么其激励作用会受到质疑;其次,高管持股常作为高管过去工作业绩的一种鼓励或福利补偿,持股比例的多少对公司财务透明度影响不大。杨贺和马春爱(2005)指出2003年中国上市公司高管持股的平均水平为0.041 4%,最大值仅为0.627 2%。本研究预期,高管持有一定数额的公司股份,可以增加其与股东利益的一致性,从而减少财务报告欺诈行为。

假设9.1:发生财务报告欺诈的中国上市公司,其高管持股比例较小。

9.1.2　高管变更对财务报告欺诈的影响

高层管理者负责公司的实际运营，在不考虑非正常因素的情况下，高层管理者变更可能是被升迁或被解雇，而董事会通常有绝对的权利决定高层管理者的去留。高层管理者在长期工作过程中，可能与董事会或董事长形成紧密的关系，从而会增加共谋进行不合规行为的可能性。当大股东实施监管职能时，一旦发现上述情况的发生，便会更换高层管理者；然而，如果大股东在绝对控制之下可以左右高层管理者的行为，甚至授权高层管理者按照自己的意愿进行决策，那么，其可能会较少更换高层管理者，以维持这种紧密的工作关系。同时，资本市场对于公司重要成员变动常持较为消极的态度，认为董事长或高层管理者变动是坏消息，是不稳定的一种表现，不管是其中一个变动还是同时变动，都不会对公司价值产生积极影响（朱红军和林俞，2003）。而这对于进行财务报告欺诈的上市公司而言，又增加了其高层管理者长期不更换的动机。本研究预期发生财务报告欺诈的上市公司，其高层管理者变更较少。

假设 9.2：发生财务报告欺诈的上市公司会倾向于较少变更高层管理者。

9.2　研究模型

本部分考察公司高层管理者特征与财务报告欺诈发生可能性之间的关系，因变量财务报告欺诈为 1/0 变量，因此，Logistic 模型是较为合适的研究模型，欺诈样本和一对一的配对控制样本将被纳入模型中。具体研究模型如下：

$$
\begin{aligned}
FSF_i = & \alpha + \beta_1 TM1_i + \beta_2 TM2_i + \beta_3 MP_i + \beta_4 IC_i + \beta_5 CS_i + \beta_6 H_i \\
& + \beta_7 AO_i + \beta_8 LEVER_i + \beta_9 ROE_i + \beta_{10} ST_i + \beta_{11} RSG_i + \varepsilon_i \qquad (9.1)
\end{aligned}
$$

其中，FSF 为财务报告欺诈变量，欺诈公司取值为 1，非欺诈公司取值为0;TM1为高层管理者持有公司股份比例;TM2为高层管理者变更情况,当欺诈年份高层管理者发生变更时取值为1,否则取值为0;MP为高层管理者权力变量,当总经理同时担任董事长时取值为1,否则取值为0;IC为行业变量,公司处于制造业这种竞争激烈、资源较少的行业时取值为1,否则取值为0;CS为公司规模,以期末总资产的自然对数衡量;H为欺诈历史,当公司以往年度发生过财务报告欺诈行为时取值为1,否则取值为0;AO为审计意见,当外部审计师出具标准无保留审计意见时取值为1,否则取值为0;LEVER为财务杠杆,以期末资产负债率衡量;ROE为盈利能力,以期末净资产收益率衡量;ST为财务困境,当公司被处以“特别处理”时取值为1,否则取值为0;RSG为成长能力,以当年销售增长率衡量;i为各个公司,取值从1到164;ε为残差。

本部分关注的重点是高层管理者特征变量(TM1和TM2)对财务报告欺诈的影响作用。模型中同时控制高层管理者权力变量(MP),即总经理是否同时担任董事长,衡量高层管理者对董事会的控制程度。洛贝克等(Loebbecke et al., 1989)和詹森(Jensen, 1993)指出,董事会有权决定高层管理者的任命和解聘,如果高层管理者控制了董事会的决策,则会使董事会变得不再独立,失去了其监督高层管理者行为的能力,从而增加公司财务报告欺诈发生的可能性。模型中同时引入8个控制变量,是因为以往研究(如Loebbecke et al., 1989; Beasley, 1996; Daboub & Calton, 2002)曾指出,这些变量可能与财务报告欺诈发生的动机和条件因素有关,具体可参见第5章5.2部分的论述。

9.3 实证分析结果及解释

9.3.1 样本组间方差分析

表9-1和表9-2列示了本研究欺诈样本和控制样本高层管理者特征变量的描述性统计信息。

表 9-1　欺诈样本高层管理者特征变量的描述性信息

变量	样本数	均值	标准差	偏度（标准误）	峰度（标准误）	最小值	最大值
TM1	82	0.013 4	0.020 7	4.577 (0.266)	29.812 (0.526)	0.000 0	0.159 0
TM2	82	0.56	0.499	−0.250 (0.266)	−1.986 (0.526)	0.00	1.00

注：TM1 为高层管理者持有公司股份比例；TM2 为高层管理者变更情况，当欺诈年份高层管理者发生变更时取值为 1，否则取值为 0。

表 9-2　控制样本高层管理者特征变量的描述性信息

变量	样本数	均值	标准差	偏度（标准误）	峰度（标准误）	最小值	最大值
TM1	82	0.009 4	0.015 3	4.262 (0.266)	25.547 (0.526)	0.000 0	0.112 3
TM2	82	0.38	0.488	0.512 (0.266)	−1.781 (0.526)	0.00	1.00

注：TM1 为高层管理者持有公司股份比例；TM2 为高层管理者变更情况，当欺诈年份高层管理者发生变更时取值为 1，否则取值为 0。

可见，欺诈样本高层管理者持有公司股份比例（TM1）的均值为 0.013 4，最大值为 0.159，控制样本的均值为 0.009 4，最大值为 0.112 3，仅从描述性信息来看，欺诈样本的高层管理者拥有较多公司股份，但样本组内部公司之间的差异较大（标准差为 0.020 7）。对于高层管理者变更情况（TM2），欺诈样本和控制样本的均值分别为 0.56 和 0.38，表面来看，控制样本高层管理者发生变更较少。随后，笔者对样本组间进行方差分析，以进一步考察两组之间差异的显著性。

表 9-3　方差齐性检验

变　量	Levene 统计量	df1	df2	显著性
TM1	1.709	1	162	0.193
TM2	2.284	1	162	0.133

注：显著性水平：0.05；TM1 为高层管理者持有公司股份比例；TM2 为高层管理者变更情况，当欺诈年份高层管理者发生变更时取值为 1，否则取值为 0。

表 9－4　方差分析的输出结果

变　　量		df	均值平方	F	显著性
TM1	组间	1	0.001	5.723	0.016
	组内	162	0.000		
TM2	组间	1	1.372	5.630	0.019
	组内	162	0.244		

注：显著性水平：0.05；TM1 为高层管理者持有公司股份比例；TM2 为高层管理者变更情况，当欺诈年份高层管理者发生变更时取值为 1，否则取值为 0。

从表 9－3 的方差齐性检验结果可见，高层管理者特征变量 TM1 和 TM2 都通过了齐性检验，显著性值分别为 0.193 和 0.133。表 9－4 的输出结果显示，高层管理者特征变量 TM1 和 TM2 均通过了显著性检验，意味着对于高层管理者持有公司股份比例和高层管理者变更情况，欺诈样本和控制样本之间存在显著差异。

从上述描述性统计信息和方差分析来看，欺诈样本和控制样本高层管理者持有公司股份的情况均不太普遍，均值分别为 0.013 4 和 0.009 4。与控制样本相比，欺诈样本的高层管理者拥有较多公司股份，这与我们的预期不符。实证结果显示，虽然高管持股在两个样本组中不太普遍，但一旦有了这种手段，其并没有发挥正面效应，而是起到了负面作用。如前所述，高管持股常被称为是一把“双刃剑”，一方面，其被作为激励高层管理者工作的一种手段；而另一方面，就安然、世界通等大公司爆发出的财务欺诈行为来看，高层管理者持有公司股票又被认为是财务欺诈的罪魁祸首(Sen, 2007)：当高层管理者持有公司股票时，会增加高层管理者操纵股票价格的动机，高层管理者利用各种手段维持或提升公司股票价格，会使其直接受益，财务欺诈行为便是手段之一。财务欺诈行为的成本主要来自被发现后的违规成本，而如前几章实证分析结果所示，独立董事、审计委员会和监事会均没有起到其被期望的作用，那么在欺诈被发现的可能性较小时，对于功利的经济人来说，收益远大于成本的情况下，其极有可能选择财务欺诈手段。此外，与控制样本相比，欺诈样本发生较多在高层管理者①变更时，这也与我们的预期不符。可能的原因为，虽然长期不更换高层管理者会带来问题，但频繁更换高层管理者同样也是公司可能存在异常情况的信号。

9.3.2　全样本回归分析

本研究在进行 Logistic 回归之前，先对研究变量进行因子分析，防止在回归中可能出现多重共线性的问题。当变量包含高度相似的信息时，模型中回归系数的估计会出现误差，从而影响分析结果。因子分析的相关系数矩阵如表 9－5 所示。

表 9－5　方差分析的相关系数矩阵

		TM1	TM2	MP
相关性	TM1	1.000	−0.012	0.018
	TM2	−0.012	1.000	−0.057
	MP	0.018	−0.057	1.000
显著性（一尾检验）	TM1		0.438	0.408
	TM2	0.438		0.234
	MP	0.408	0.234	
KMO 和 Bartlett's 检验值：0.600（显著系数：0.897）				

注：显著性水平：0.05；TM1 为高层管理者持有公司股份比例；TM2 为高层管理者变更情况，当欺诈年份高层管理者发生变更时取值为 1，否则取值为 0；MP 为高层管理者权力变量，当总经理同时担任董事长时取值为 1，否则取值为 0。

从表 9－5 可见，三个研究变量之间相关性都不是很高，KMO 和 Bartlett's 检验值仅为 0.600，显著系数为 0.897。表 9－6 描述了因子分析中特征值和载荷平方，只有一个因子的特征值大于 1，其旋转载荷

① 此处的高层管理者不仅仅指总经理或 CEO，也包括其他重要决策制定者，如总会计师、财务总监等。

平方和为35.478%,即这个因子仅仅包含了三个研究变量35.478%的信息。由于研究变量并不高度相关,因此可以排除多元回归分析中可能出现多重共线性问题,后续直接用本部分的 Logistic 模型进行实证分析。

表 9-6 因子分析的总方差解释

成 分	初始特征值			旋转载荷平方和		
	数值	方差百分比	累计方差百分比	数值	方差百分比	累计方差百分比
1	1.064	35.478	35.478	1.064	35.478	35.478
2	0.993	33.102	68.579			
3	0.943	31.421	100			

注:方法为主成分分析法。

表 9-7 Logistic 回归的分析结果

系数	解释变量	预测关系	估计系数	标准误	Wald 值	显著性
α	常数	无	3.517	7.182	0.240	0.624
高层管理者特征变量:						
β_1	TM1	+	6.977	10.786	4.185	0.041
β_2	TM2	+	1.212	0.462	6.895	0.009
β_3	MP	+	1.333	0.488	7.456	0.006
控制变量:						
β_4	IC	无	0.119	0.452	0.069	0.792
β_5	CS	无	−0.207	0.333	0.384	0.536
β_6	H	无	21.856	5 833.164	0.000	0.997
β_7	AO	无	−1.410	1.169	1.455	0.228
β_8	LEVER	无	0.809	1.546	0.274	0.601
β_9	ROE	无	−0.002	0.004	0.150	0.699

续　表

系数	解释变量	预测关系	估计系数	标准误	Wald 值	显著性
β_{10}	ST	无	－1.641	1.086	2.284	0.131
β_{11}	RSG	无	－0.400	0.541	0.548	0.459
Chi-Square 检验值：96.877(显著系数：0.000) 样本数：164，其中欺诈样本：82；控制样本：82						

注：显著性水平：0.05；TM1 为高层管理者持有公司股份比例；TM2 为高层管理者变更情况，当欺诈年份高层管理者发生变更时取值为 1，否则取值为 0；MP 为高层管理者权力变量，当总经理同时担任董事长时取值为 1，否则取值为 0；IC 为行业变量，公司处于制造业这种竞争激烈、资源较少的行业时取值为 1，否则取值为 0；CS 为公司规模，以期末总资产的自然对数衡量；H 为欺诈历史，当公司以往年度发生过财务报告欺诈行为时取值为 1，否则取值为 0；AO 为审计意见，当外部审计师出具标准无保留审计意见时取值为 1，否则取值为 0；LEVER 为财务杠杆，以期末资产负债率衡量；ROE 为盈利能力，以期末净资产收益率衡量；ST 为财务困境，当公司被处以“特别处理”时取值为 1，否则取值为 0；RSG 为成长能力，以当年销售增长率衡量。

表 9－7 列示了 Logistic 回归的分析结果。整个模型的 Chi-square 检验值为 96.877，显著系数为 0.000，说明回归方程整体上是显著的。对于高层管理者特征变量 TM1 和 TM2，其显著系数分别为 0.041 和 0.009，通过了显著性检验，说明上市公司高层管理者持有公司股份比例和高层管理者变更情况显著影响财务报告欺诈发生的可能性。这个结果与方差分析的结果一致。对于高层管理者权力变量，实证结果显示，发生财务报告欺诈的公司，其高层管理者通常拥有额外的权力，即通过同时担任董事长控制董事会的运作，从而使董事会丧失了监管高层管理者的作用。此外，模型中 8 个控制变量的系数也均不显著，说明这些因素不会影响财务报告欺诈发生的可能性。综上可见，对于高层管理者特征如何影响财务报告欺诈，研究假设 9.1 和 9.2 均未得到验证，反而实证结果得到了与假设相反的结果。

9.4　小　　结

本章主要考察高层管理者特征对财务报告欺诈的影响，包括高管持股和高管变更两个方面。基于方差分析和 Logistic 回归的实证分析结果，本章提出的两个研究假设(假设 9.1：发生财务报告欺诈的中国上市公司，其高管持股比例较小；假设 9.2：发生财务报告欺诈的上市公司会倾向于较少变更高层管理者)均未得到验证，反而实证结果得到了与假设相反的结果。实证研究发现，欺诈样本和控制样本高层管理者持有公司股份的情况均不太普遍；与控制样本相比，欺诈样本的高层管理者拥有较多公司股份，说明虽然高管持股在两个样本组中不太普遍，但一旦有了这种手段，其并没有发挥正面效应，而是起到了负面作用；与控制样本相比，欺诈样本发生较多在高层管理者变更时，可能的原因为，虽然长期不更换高层管理者会带来问题，但频繁更换高层管理者同样也是公司可能存在异常情况的信号；此外，对于高层管理者权力变量，实证结果显示，发生财务报告欺诈的公司，其高层管理者通常拥有额外的权力，即通过同时担任董事长控制董事会的运作，从而使董事会丧失了监管高层管理者的作用。

第10章　财务报告欺诈与外部审计师的实证分析

在公司内部治理结构建立之前和初期,外部审计师一直被认为是公司治理中最重要的角色。所有上市公司的财务报表,须经过外部审计师审计,确保其不存在重大错误和欺诈后,才能披露给投资者。经审计的财务报表一定程度上增加了投资者对其质量保证的信心。本章主要考察外部审计师的特征对财务报告欺诈的影响,包括审计独立性和审计质量两个方面。具体思路为,首先提出研究假设,其次进行研究模型设计,最后通过方差分析和全样本回归分析得到实证结果并对结果进行解释。

10.1　研究假设的提出

10.1.1　审计独立性对财务报告欺诈的影响

外部审计师在识别财务报告欺诈过程中,起着重要作用。财务报告使用者一直赋予外部审计师保证财务报表不存在由于错误或欺诈而导致的重大错报的责任。经审计过的财务报表常被认为是较为可靠,客观地反映了公司实际经营成果和财务状况,投资者和债权人更倾向于投资给经过外部审计师确认的公司。传统意义上,财务报告使用者认为外部审计师对发现公司财务报告欺诈行为负主要责任。实际上,外部审计师主要为财务报表是否进行了公允表达、是否遵守了相关会计准则。虽然外部审计师应保证财务报表没有因重大欺诈行为而非公允的表达，其却很难发现公司全部欺诈行为。审计准则规定了上述审计师的责任，以帮助审计师规避不必要的诉讼，然而，一旦上市公司被发现从事财务报告欺诈，审计师的有效性以及审计效率便会遭受质疑，即便审计师完全按照审计准则的要求操作，其也会受到牵连(Brody et al. 1998; Firth et al., 2005; Alleyne & Howard, 2005; Allen et al., 2006)。

审计独立性是保证审计质量的前提。然而，以往研究对于会计师事务所任期和变更是否潜在影响审计质量，并没有达成共识。莫茨和沙拉夫(Mautz & Sharaf, 1961)、迪安杰洛(DeAngelo, 1981)和沃茨和齐默曼(Watts & Zimmerman, 1990)指出，当会计师事务所长期为一个客户提供服务时，审计师与被审计单位逐渐建立紧密的合作关系，甚至是个人友谊，同时会计师事务所对被审计单位也存在经济依赖，因此会损害审计独立性；戴维斯等(Davis et al., 2003)发现会计师事务所任期与被审计单位存在操纵利润项目(discretionary accruals)之间有着显著联系。这些学者认为会计师事务所任期过长或变更较少，会对审计独立性产生负面影响，从而无法识别或纵容被审计单位财务报告欺诈行为。而其他学者(如Beck et al. 1988; Knapp, 1991; Solomon et al. 1999; Knapp & Knapp, 2001; Geiger & Raghunandan, 2002; Carcello & Nagy, 2004)则认为随着外部审计师提供服务时间的增加，审计师与被审计单位之间的信息不对称会减少，这有助于审计师更多掌握被审计单位的信息来有效实施审计工作，因此，会计师事务所任期过短或在审计初期时，由于深入信息的缺乏审计质量会受到影响，增加无法识别和发现被审计单位不合规行为的可能性。中国学者余玉苗和李琳(2003)理论分析了会计师事务所任期与审计质量的关系，指出较长的会计师事务所任期同时存在利弊，其不能简单总结为会提升或损害审计质量。基于对于审计独立性重要性的考虑，本研究预期会计师事务所任期过长或变更较少，都会对审计独立性产生负面影响，从而影响外部审计师识别和发现公司财务报告欺诈行为。

假设10.1：发生财务报告欺诈行为的上市公司，其会计师事务所变更较少；

假设 10.2：发生财务报告欺诈行为的上市公司，其会计师事务所任期较长。

10.1.2　审计质量对财务报告欺诈的影响

大规模的知名会计师事务所(如国际"四大"会计师事务所)常被认为拥有较专业的服务和较高的审计质量。然而，对于大规模的知名会计师事务所是否更有效地识别和发现财务报告欺诈行为，现有研究尚未得到一致的研究结论。德肖等(Dechow et al.，1996)发现财务报告欺诈与聘用非"四大"会计师事务所没有显著关联关系，而麦克马伦(McMullen，1996)却发现两者存在显著正向关联关系。中国学者胡旭阳(2002)指出从 IPO 的角度来看，"四大"会计师事务所在中国资本市场上有名誉优势，投资者愿意为聘用"四大"会计师事务所的上市公司支付较多的投资；陈关亭和兰凌(2004)通过考察审计费用和操纵利润项目之间的关系，发现"四大"会计师事务所提供了较高的审计质量；然而刘明辉等(2003)和陈信元和夏立军(2006)没有得到上述支持性的研究结论，甚至得到相悖的结论。本研究考虑到"四大"会计师事务所通常拥有较多专业人员，并且其相对成熟的审计体系更容易识别公司的各种潜在风险，因此本研究预期，聘请"四大"会计师事务所会有助于识别并抑制公司财务报告欺诈行为。

假设 10.3：当上市公司聘请"四大"会计师事务所作为其外部审计机构时，其发生财务报告欺诈行为的可能性较小。

10.2　研究模型

本部分考察公司外部审计师特征与财务报告欺诈发生可能性之间的关系，因变量财务报告欺诈为 1/0 变量，因此，Logistic 模型是较为合适的研究模型，欺诈样本和一对一的配对控制样本将被纳入模型中。具体研究模型如下：

$$FSF_i = \alpha + \beta_1 EA1_i + \beta_2 EA2_i + \beta_3 EA3_i + \beta_4 IC_i + \beta_5 CS_i + \beta_6 H_i + \beta_7 AO_i + \beta_8 LEVER_i + \beta_9 ROE_i + \beta_{10} ST_i + \beta_{11} RSG_i + \varepsilon_i \quad (10.1)$$

其中,FSF 为财务报告欺诈变量,欺诈公司取值为 1,非欺诈公司取值为 0;EA1 为外部审计变更情况,当欺诈年份承担外部审计的会计师事务所发生变更时取值为 1,否则取值为 0;EA2 为会计师事务所承担外部审计的年限;EA3 为会计师事务所是否为国际"四大"会计师事务所,是取值为 1,否取值为 0;IC 为行业变量,公司处于制造业这种竞争激烈、资源较少的行业时取值为 1,否则取值为 0;CS 为公司规模,以期末总资产的自然对数衡量;H 为欺诈历史,当公司以往年度发生过财务报告欺诈行为时取值为 1,否则取值为 0;AO 为审计意见,当外部审计师出具标准无保留审计意见时取值为 1,否则取值为 0;LEVER 为财务杠杆,以期末资产负债率衡量;ROE 为盈利能力,以期末净资产收益率衡量;ST 为财务困境,当公司被处以"特别处理"时取值为 1,否则取值为 0;RSG 为成长能力,以当年销售增长率衡量;i 为各个公司,取值从 1 到 164;ε 为残差。

本部分关注的重点是外部审计师特征变量(EA1 至 EA3)对财务报告欺诈的影响作用。模型中同时引入 8 个控制变量,是因为以往研究(如 Loebbecke et al., 1989; Beasley, 1996; Daboub & Calton, 2002)曾指出,这些变量可能与财务报告欺诈发生的动机和条件因素有关,具体可参见第 5 章 5.2 部分的论述。

10.3　实证分析结果及解释

10.3.1　样本组间方差分析

表 10－1 和表 10－2 列示了本研究欺诈样本和控制样本外部审计师特征变量的描述性统计信息。

表 10－1　欺诈样本外部审计师变量的描述性信息

变量	样本数	均值	标准差	偏度（标准误）	峰度（标准误）	最小值	最大值
EA1	82	0.17	0.379	(0.266)	(0.526)	0.00	1.00
EA2	82	3.70	2.147	0.515 (0.266)	−0.657 (0.526)	1.00	9.00
EA3	82	0.04	0.189	5.029 (0.266)	23.875 (0.526)	0.00	1.00

注：EA1 为外部审计变更情况，当欺诈年份承担外部审计的会计师事务所发生变更时取值为 1，否则取值为 0；EA2 为会计师事务所承担外部审计的年限；EA3 为会计师事务所是否为国际“四大”会计师事务所，是取值为 1，否取值为 0。

表 10－2　控制样本外部审计师变量的描述性信息

变量	样本数	均值	标准差	偏度（标准误）	峰度（标准误）	最小值	最大值
EA1	82	0.11	0.315	2.544 (0.266)	4.581 (0.526)	0.00	1.00
EA2	82	4.48	3.159	0.830 (0.266)	−0.486 (0.526)	1.00	12.00
EA3	82	0.01	0.110	9.055 (0.266)	82.000 (0.526)	0.00	1.00

注：EA1 为外部审计变更情况，当欺诈年份承担外部审计的会计师事务所发生变更时取值为 1，否则取值为 0；EA2 为会计师事务所承担外部审计的年限；EA3 为会计师事务所是否为国际“四大”会计师事务所，是取值为 1，否取值为 0。

可见，对于外部审计变更情况变量(EA1)，欺诈样本的均值为 0.17，标准差为 0.379，控制样本的均值为 0.11，标准差为 0.315；欺诈样本会计师事务所承担外部审计的年限(EA2)的均值为 3.7，控制样本为 4.48；对于会计师事务所是否为国际“四大”会计师事务所(EA3)，欺诈样本和控制样本的均值均较小，分别为 0.04 和 0.01。仅从描述性信息来看，与控制样本相比，欺诈样本在欺诈发生年度有较多外部审计师变更；控制样本会计师事务所承担外部审计的年限比欺诈样本更长；两个样本组聘请国际“四大”会计师事务所作为外部审计机构的情况均不太普遍，表面来看，更多欺诈样本聘请了国际“四大”会计师事务所。随后，笔者对样本组间进行方差分析，以进一步考察两组之间差异的显著性。

表 10－3 方差齐性检验

变 量	Levene 统计量	df1	df2	显著性
EA1	4.178	1	162	0.043
EA2	13.010	1	162	0.000
EA3	5.157	1	162	0.024

注：显著性水平：0.05；其中，EA1 为外部审计变更情况，当欺诈年份承担外部审计的会计师事务所发生变更时取值为 1，否则取值为 0；EA2 为会计师事务所承担外部审计的年限；EA3 为会计师事务所是否为国际“四大”会计师事务所，是取值为 1，否取值为 0。

表 10－4 LgEA2 的方差齐性检验

变 量	Levene 统计量	df1	df2	显著性
LgEA2	2.223	1	162	0.138

从表 10－3 的方差齐性检验结果可见，外部审计师特征变量 EA1，EA2 和 EA3 的显著性值分别为 0.043，0.000 和 0.024，均小于 0.05，因此没有通过齐性检验。通过对变量 EA2 的原始值进行对数处理，再进行方差齐性检验，发现处理后的 EA2 通过了齐性检验，如表 10－4 所示。而变量 EA1 和 EA3 的原始值，由于部分样本为 0，无法进行对数处理。因此，在后续方差分析中，笔者将不仅仅依据 F 统计量对结果进行解释，还要依据 Brown-Forsythe 统计量和 Welch 统计量，因为当方差齐性无法被假设时，这两个统计量要优于 F 统计量。

表 10－5 和表 10－6 的输出结果显示，外部审计师特征变量 EA1 和 EA2 通过了显著性检验，意味着对于外部审计师变更情况和会计师事务所承担外部审计的年限，欺诈样本和控制样本之间存在显著差异。而变量 EA3 的显著性系数为 0.315，未通过显著性检验，说明对于会计师事务所是否为国际“四大”会计师事务所，欺诈样本和控制样本之间并不存在显著差异。

表 10－5　方差分析的输出结果(a)

变　量		df	均值平方	F	显著性
LgEA2	组间	1	0.115	5.184	0.028
	组内	162	0.097		

注：显著性水平：0.05;EA2 为会计师事务所承担外部审计的年限。

表 10－6　方差分析的输出结果(b)

变　量		统计量	df1	df2	显著性
EA1	Welch	5.259	1	156.731	0.026
	Brown-Forsythe	5.259	1	156.731	0.026
EA3	Welch	1.019	1	130.576	0.315
	Brown-Forsythe	1.019	1	130.576	0.315

注：显著性水平：0.05;EA1 为外部审计变更情况，当欺诈年份承担外部审计的会计师事务所发生变更时取值为 1,否则取值为 0;EA3 为会计师事务所是否为国际“四大”会计师事务所，是取值为 1,否取值为 0。

从上述描述性统计信息和方差分析来看，欺诈样本和控制样本均发生了会计师事务所变更，但与控制样本相比，欺诈样本发生了更多的会计师事务所变更；对于会计师事务所承担外部审计的年限(EA2),欺诈样本比控制样本相对较短，均值分别为 3.7 和 4.48。欺诈公司发生更多会计师事务所变更的可能原因为，在审计初期，由于缺乏深入的信息，审计师无法全面切实地掌握被审计单位的财务状况，因此很难识别被审计单位存在的欺诈活动，而随着提供审计服务时间的增加，审计师与被审计单位之间的信息不对称逐渐减少，被审计单位为了防止其财务欺诈行为被发现，可能会选择更换会计师事务所；抑或是，在审计师执行审计业务时，当其发现被审计单位的欺诈活动，出于自身职责的考虑，会要求被审计单位做相应的调整，在被审计单位不愿意接受调整建议的情况下，审计师与被审计单位之间的矛盾也容易导致审计服务合同的终止，会计师事务所遭到变更。而对于欺诈样本会计师事务所承担外部审计的年限相对较短，这也一定程度上说明了欺诈样本更多地发生在会计师事务所变更的时期。与西方集中度较高的审计市场①相比，中国审计市场较为分散，有上千家中小型会计师事务所竞争并参与上市公司的审计业务。在这种较强竞争环境下，一旦审计师与被审计单位之间出现矛盾或意见不一致，会计师事务所很容易遭到解聘。对于会计师事务所是否为国际“四大”会计师事务所(EA3)，研究显示，欺诈样本和控制样本聘请国际“四大”会计师事务所的情况并不普遍，均值分别为0.04和0.01，说明仅有4%的欺诈公司和1%的控制公司聘请了国际“四大”会计师事务所，并且仅从方差分析结果来看，是否聘请国际“四大”会计师事务所对财务报告欺诈的影响并不明显。

10.3.2 全样本回归分析

本研究在进行Logistic回归之前，先对研究变量进行因子分析，防止在回归中可能出现多重共线性的问题。当变量包含高度相似的信息时，模型中回归系数的估计会出现误差，从而影响分析结果。因子分析的相关系数矩阵如表10－7所示。

表10－7 方差分析的相关系数矩阵

		EA1	EA2	EA3
相关性	EA1	1.000	−0.459	0.050
	EA2	−0.459	1.000	−0.122
	EA3	0.050	−0.122	1.000
显著性(一尾检验)	EA1		0.000	0.263
	EA2	0.000		0.061
	EA3	0.263	0.061	
KMO和Bartlett's检验值：40.605(显著系数：0.000)				

注：显著性水平：0.05；其中，EA1为外部审计变更情况，当欺诈年份承担外部审计的会计师事务所发生变更时取值为1，否则取值为0；EA2为会计师事务所承担外部审计的年限；EA3为会计师事务所是否为国际“四大”会计师事务所，是取值为1，否取值为0。

① 美国政府问责办公室(GAO, the U.S. Government Accountability Office)曾报告指出，在2006年国际“四大”会计师事务所承担了上市公司94%的审计业务(在2002年是96%)；在2008年82%的上市公司选择“四大”会计师事务所作为其外部审计机构。

表 10－7 显示，变量 EA1（外部审计变更情况）与 EA2（会计师事务所承担外部审计的年限）高度相关，其相关系数为－0.459，显著性系数为 0.000。由于这些变量高度相关可能引发多重共线性问题，笔者使用主成分分析法将这些变量含有的信息浓缩至几个因子之中，再纳入后续的回归分析中。

表 10－8 和表 10－9 描述了因子分析中特征值、载荷平方和旋转后的因子成分矩阵信息。笔者选取表 10－8 中特征值大于 1 的两个因子，得到这两个因子的旋转载荷平方和为 82.169％，即这两个因子包含了三个外部审计师变量中 82.169％的信息。由于初始成分矩阵相对较复杂，不容易解释因子的含义，笔者使用旋转后的因子成分矩阵以使每一个外部审计师变量在其中一个因子上有较高的载荷，而在另一个因子上有较低的载荷，如表 10－9 所示。

表 10－8　因子分析的总方差解释

成　分	初始特征值			旋转载荷平方和		
	数值	方差百分比	累计方差百分比	数值	方差百分比	累计方差百分比
1	1.490	49.653	49.653	1.458	48.594	48.594
2	0.975	32.516	82.169	1.007	33.575	82.169
3	0.535	17.831	100			

注：方法为主成分分析法。

表 10－9　旋转后的因子成分矩阵

变　量	成　分	
	1	2
EA1	0.862	－0.034
EA2	－0.844	－0.123
EA3	0.049	0.995

基于表 10－9 的因子成分矩阵，可得到：

$$F1=0.862\times EA1-0.844\times EA2+0.049\times EA3$$

$$F2=-0.034\times EA1-0.123\times EA2+0.995\times EA3 \tag{10.2}$$

其中,因子 F1 反映上市公司与外部审计师之间的关系特征;因子 F2 反映承担外审的会计师事务所的规模和知名度特征。

将因子 F1 和 F2 替代三个外部审计师变量纳入回归分析之中,得到新的 Logistic 回归模型如下所示:

$$\begin{aligned}FSF_i=&\alpha'+\beta'_1F1_i+\beta'_2F2_i+\beta'_3IC_i+\beta'_4CS_i+\beta'_5H_i+\beta'_6AO_i\\&+\beta'_7LEVER_i+\beta'_8ROE_i+\beta'_9ST_i+\beta'_{10}RSG_i+\varepsilon_i\end{aligned} \tag{10.3}$$

其中,FSF 为财务报告欺诈变量,欺诈公司取值为 1,非欺诈公司取值为 0;F1 为上市公司与外部审计师之间关系变量,衡量审计独立性,其值来自因子分析过程;F2 为承担外审的会计师事务所的规模和知名度特征变量,其值来自因子分析过程;IC 为行业变量,公司处于制造业这种竞争激烈、资源较少的行业时取值为 1,否则取值为 0;CS 为公司规模,以期末总资产的自然对数衡量;H 为欺诈历史,当公司以往年度发生过财务报告欺诈行为时取值为 1,否则取值为 0;AO 为审计意见,当外部审计师出具标准无保留审计意见时取值为 1,否则取值为 0;LEVER 为财务杠杆,以期末资产负债率衡量;ROE 为盈利能力,以期末净资产收益率衡量;ST 为财务困境,当公司被处以“特别处理”时取值为 1,否则取值为 0;RSG 为成长能力,以当年销售增长率衡量;i 为各个公司,取值从 1 到 164;ε 为残差。

表 10－10 列示了 Logistic 回归的分析结果。整个模型的 Chi-square 检验值为 84.913,显著系数为 0.000,说明回归方程整体上是显著的。对于因子 F1,其显著系数为 0.039,小于 0.05,说明上市公司与外部审计师之间的关系会显著影响财务报告欺诈发生的可能性;对于因子 F2,其系数为不相关,说明承担外审的会计师事务所的规模和知名度特征对财务报告欺诈发生的可能性不具有显著影响。这个结果与方差分析的结果一致,即欺诈样本更多地发生在会计师事务所变更的时期;对于会计师事务所承担外部审计的年限,欺诈样本比控制样本相对较短;而研究并未发现大规模的知名会计师事务所,如国际“四大”会计师事务所,会更有效地识别和发现财务报告欺诈行为。对于 8 个控制变量,其系数均不显著,说明这些因

素不会影响财务报告欺诈发生的可能性。综上可见，在 Logistic 回归中控制了一些公司特征因素后发现，假设 10.1、10.2 和 10.3 均未得到验证，研究反而得到了与假设 10.1 和 10.2 相反的结论。

表 10－10　Logistic 回归的分析结果

系数	解释变量	预测关系	估计系数	标准误	Wald 值	显著性
α'	常数	无	8.337	6.801	1.503	0.220
因子 F1：						
β'_1	F1	＋	0.367	0.222	4.424	0.039
因子 F2：						
β'_2	F2	无	0.219	0.261	0.700	0.403
控制变量：						
β'_3	IC	无	－0.102	0.434	0.055	0.814
β'_4	CS	无	－0.381	0.325	1.376	0.241
β'_5	H	无	21.758	6 051.902	0.000	0.997
β'_6	AO	无	－1.706	1.089	2.455	0.117
β'_7	LEVER	无	1.480	1.497	0.977	0.323
β'_8	ROE	无	－0.003	0.005	0.293	0.588
β'_9	ST	无	－2.344	1.205	3.785	0.052
β'_{10}	RSG	无	0.001	0.469	0.000	0.998
Chi-Square 检验值：84.913(显著系数：0.000) 样本数：164，其中欺诈样本：82；控制样本：82						

注：显著性水平：0.05；F1 为上市公司与外部审计师之间关系变量，衡量审计独立性，其值来自因子分析过程；F2 为承担外审的会计师事务所的规模和知名度特征变量，其值来自因子分析过程；IC 为行业变量，公司处于制造业这种竞争激烈、资源较少的行业时取值为 1，否则取值为 0；CS 为公司规模，以期末总资产的自然对数衡量；H 为欺诈历史，当公司以往年度发生过财务报告欺诈行为时取值为 1，否则取值为 0；AO 为审计意见，当外部审计师出具标准无保留审计意见时取值为 1，否则取值为 0；LEVER 为财务杠杆，以期末资产负债率衡量；ROE 为盈利能力，以期末净资产收益率衡量；ST 为财务困境，当公司被处以“特别处理”时取值为 1，否则取值为 0；RSG 为成长能力，以当年销售增长率衡量。

10.4 小　　结

本章主要考察外部审计师的特征对财务报告欺诈的影响，包括审计独立性和审计质量两个方面。基于方差分析和 Logistic 回归的实证分析结果，研究发现，欺诈样本和控制样本均发生了会计师事务所变更，但与控制样本相比，欺诈样本发生了更多的会计师事务所变更；对于会计师事务所承担外部审计的年限，欺诈样本比控制样本相对较短。可能的原因为在审计初期，由于缺乏深入的信息，审计师无法全面切实地掌握被审计单位的财务状况，因此很难识别被审计单位存在的欺诈活动，而随着提供审计服务时间的增加，审计师与被审计单位之间的信息不对称逐渐减少，被审计单位为了防止其财务欺诈行为被发现，可能会选择更换会计师事务所；抑或是，在审计师执行审计业务时，当其发现被审计单位的欺诈活动，出于自身职责的考虑，会要求被审计单位做相应的调整，在被审计单位不愿意接受调整建议的情况下，审计师与被审计单位之间的矛盾也容易导致审计服务合同的终止，会计师事务所遭到变更。此外，研究还发现欺诈样本和控制样本聘请国际“四大”会计师事务所的情况并不普遍，未发现大规模的知名会计师事务所，如国际“四大”会计师事务所，会更有效地识别和发现财务报告欺诈行为。

第 11 章　财务报告欺诈与监管要求的实证分析

监管者包括资本市场上制定相应法律法规的全部机构，如政府部门。监管者对公司的监督治理主要来自要求其满足相应法律法规的条款，这些条款通常是明确的，一旦公司违反，便会受到惩罚。本章主要从监管要求的角度，考察监管者的作用对财务报告欺诈的影响，包括公司规避证券市场监管和对监管要求熟悉程度两个方面。具体思路为，首先提出研究假设，其次进行研究模型设计，最后通过方差分析和全样本回归分析得到实证结果并对结果进行解释。

11.1　研究假设的提出

11.1.1　规避证券市场监管对财务报告欺诈的影响

上市公司常把监管者的规定视作一种底线或标准(benchmark)，当公司在底线之上时，监管者对其影响作用甚微，而当公司处于底线之下或将要处于底线之下时，监管者的影响作用非常明显，公司一般会使用各种手段避免这种情况的发生。在中国资本市场上，监管者会通过对上市公司进行“特别处理(ST，special treatment)”来监管公司的财务状况。基于《公司法》第 157 条，如果上市公司连续三年出现亏损，国务院证券监管部门可以暂停其股票交易；基于中国《公司法》第 158 条，如果上述情形在一年内仍然存在并且没有得到改善，国务院证券监管部门可以取消其上市资格。同时，上海证券交易所和深圳证券交易所分别发布了针对上市公司财务状况的管理规定，如上海证券交易所《股票上市规则》要求，当上市公司出现财务状况异常或其他状况异常，投资者难以判断公司前景，自身权益可能受到损害时，交易所将对其股票交易实行"特别处理"，简称"ST"股票。所谓的财务状况异常包括：

(1) 上市公司经审计的净利润在过去两年连续为负；

(2) 上市公司经审计结果显示，在过去一年其所有者权益已经低于注册资本。

上述两种情况中，出现任何一种都会被认定为财务状况异常，并被实行"特别处理"。被"特别处理"后，上市公司股票报价日涨跌幅度限制在5%以内；公司名字前加上"ST"以区分其与其他正常公司；公司中期财务报表也需要经过审计。

从《公司法》和《股票上市规则》的要求来看，当上市公司连续报告亏损时，其很容易被监管部门实行"ST"。而"ST"会给上市公司及其股东带来负面影响：一方面，"ST"意味着公司出现财务状况异常，同时公司股票报价日涨跌幅度受到限制，这会导致投资者对公司丧失信心，从而使公司融资受到牵连，在这种情况下，债权人也会担心公司出现无法到期偿还债务的风险，那么可能会通过出售债券或要求公司提前偿还贷款来保护自身利益；另一方面，更严重地，被"ST"的公司可能较难从其他债权人或银行取得新的贷款，同时又不再具备配股的资格。当公司股权融资和债权融资同时受到限制时，其很可能会陷入更加严重的财务困境。因此，出于对上市资格的保护，以及避免股权融资和债权融资受到影响，上市公司便会有动机使用各种手段防止公司报告损失和被实行"ST"。本研究预期上市公司规避证券市场监管的动机会影响其财务报告欺诈的可能性。

假设 11.1：当上市公司存在规避证券市场监管的动机时，其发生财务报告欺诈行为的可能性较大。

11.1.2 对监管要求熟悉程度对财务报告欺诈的影响

上市公司为了规避证券市场监管,可能会进行财务报告欺诈活动。而对监管要求的熟悉程度会影响公司规避监管的动机,从而影响财务报告欺诈的可能性。当公司刚刚取得上市资格时,其经历了一番"体检",对证券市场的监管要求非常熟悉。同时刚上市的公司需要证明其自身的收益和发展潜力,以吸引更多投资者,因此也存在展示良好公司业绩的动机。在这种情况下,监管要求对公司的影响程度较大,公司规避证券市场监管的动机会更强。本研究预期,上市时间较短的公司,其更可能发生财务报告欺诈行为。

假设 11.2:上市时间较短的公司,其发生财务报告欺诈行为的可能性较大。

11.2 研究模型

本部分考察监管要求的作用与财务报告欺诈发生可能性之间的关系,因变量财务报告欺诈为 1/0 变量,因此,Logistic 模型是较为合适的研究模型,欺诈样本和一对一的配对控制样本将被纳入模型中。具体研究模型如下:

$$\begin{aligned} FSF_i = \alpha + \beta_1 RG1_i + \beta_2 RG2_i + \beta_3 RG3_i + \beta_4 IC_i + \beta_5 CS_i + \beta_6 H_i \\ + \beta_7 AO_i + \beta_8 LEVER_i + \beta_9 ROE_i + \beta_{10} RSG_i + \varepsilon_i \end{aligned} \tag{11.1}$$

其中,FSF 为财务报告欺诈变量,欺诈公司取值为 1,非欺诈公司取值为 0;RG1 为公司在欺诈发生年度是否被 ST,是取值为 1,否取值为 0;RG2 为公司在欺诈被披露年度是否被 ST,是取值为 1,否取值为 0;RG3 为对监管要求的熟悉程度,以上市时间长短衡量;IC 为行业变量,公司处于制造业这种竞争激烈、资源较少的行业时取值为 1,否则取值为 0;CS 为公司规模,以期末总资产的自然对数衡量;H 为欺诈历史,当公司以往年度发生过财务报告欺诈行为时取值为 1,否则取值为 0;AO 为审计意见,当外部审计师出具标准无保留审计意见时取值为 1,否则取值为 0;LEVER 为财务杠杆,以期末资产负债率衡量;ROE 为盈利能力,以期末净资产收益率衡量;RSG 为成长能力,以当年销售增长率衡量;i 为各个公司,取值从 1 到 164;ε 为残差。

本部分关注的重点是监管要求作用变量(RG1 至 RG3)对财务报告欺诈的影响作用。模型中同时引入 7 个控制变量,是因为以往研究(如 Loebbecke et al., 1989; Beasley, 1996; Daboub & Calton, 2002)曾指出,这些变量可能与财务报告欺诈发生的动机和条件因素有关,具体可参见第 5 章 5.2 部分的论述。

11.3 实证分析结果及解释

11.3.1 样本组间方差分析

表 11-1 和表 11-2 列示了本研究欺诈样本和控制样本监管要求作用变量的描述性统计信息。

表 11-1 欺诈样本监管要求作用变量的描述性信息

变量	样本数	均值	标准差	偏度(标准误)	峰度(标准误)	最小值	最大值
RG1	82	0.02	0.155	6.282 (0.266)	38.399 (0.526)	0.00	1.00
RG2	82	0.30	0.463	0.864 (0.266)	−1.286 (0.526)	0.00	1.00
RG3	82	5.68	2.238	0.050 (0.266)	−0.497 (0.526)	1.00	11.00

注:RG1 为公司在欺诈发生年度是否被 ST,是取值为 1,否取值为 0;RG2 为公司在欺诈被披露年度是否被 ST,是取值为 1,否取值为 0;RG3 为对监管要求的熟悉程度,以上市时间长短衡量。

表 11－2　控制样本监管要求作用变量的描述性信息

变量	样本数	均值	标准差	偏度（标准误）	峰度（标准误）	最小值	最大值
RG1	82	0.11	0.315	2.544 (0.266)	4.581 (0.526)	0.00	1.00
RG2	82	0.21	0.408	1.471 (0.266)	0.167 (0.526)	0.00	1.00
RG3	82	6.79	3.332	0.095 (0.266)	－0.807 (0.526)	1.00	15.00

注：RG1 为公司在欺诈发生年度是否被 ST，是取值为 1，否取值为 0；RG2 为公司在欺诈被披露年度是否被 ST，是取值为 1，否取值为 0；RG3 为对监管要求的熟悉程度，以上市时间长短衡量。

可见，对于公司在欺诈发生年度是否被 ST(RG1)，欺诈样本的均值为 0.02，控制样本为 0.11；对于公司在欺诈被披露年度是否被 ST(RG2)，欺诈样本的均值为 0.3，控制样本为 0.21。仅从描述性信息来看，两个样本组之间变量 RG1 的差异较明显，而变量 RG2 的差异不太明显。对于公司的上市时间(RG3)，欺诈样本的均值为 5.68，控制样本为 6.79，表面来看，欺诈样本的上市时间较短。随后，笔者对样本组间进行方差分析，以进一步考察两组之间差异的显著性。

表 11－3　方差齐性检验

变　量	Levene 统计量	df1	df2	显著性
RG1	21.839	1	162	0.000
RG2	8.284	1	162	0.005
RG3	16.574	1	162	0.000

注：显著性水平：0.05；RG1 为公司在欺诈发生年度是否被 ST，是取值为 1，否取值为 0；RG2 为公司在欺诈被披露年度是否被 ST，是取值为 1，否取值为 0；RG3 为对监管要求的熟悉程度，以上市时间长短衡量。

表 11－4　LgRG3 的方差齐性检验

变　量	Levene 统计量	df1	df2	显著性
LgRG3	6.616	1	162	0.011

从表11-3的方差齐性检验结果可见，监管要求作用变量RG1、RG2和RG3的显著性值分别为0.000、0.005和0.000，均小于0.05，因此没有通过齐性检验。通过对变量RG3的原始值进行对数处理，再进行方差齐性检验，发现处理后的RG3仍然没有通过齐性检验，如表11-4所示。而变量RG1和RG2的原始值，由于部分样本为0，无法进行对数处理。因此，在后续方差分析中，笔者将不仅仅依据F统计量对结果进行解释，还要依据Brown-Forsythe统计量和Welch统计量，因为当方差齐性无法被假设时，这两个统计量要优于F统计量。

表11-5的输出结果显示，监管要求作用变量RG1和RG3通过了显著性检验，意味着对于公司在欺诈发生年度是否被ST和公司的上市时间，欺诈样本和控制样本之间存在显著差异。而变量RG2的显著性系数为0.154，未通过显著性检验，说明对于公司在欺诈被披露年度是否被ST，欺诈样本和控制样本之间并不存在显著差异。

表11-5　方差分析的输出结果

变　量		统计量	df1	df2	显著性
RG1	Welch	4.858	1	118.243	0.029
	Brown-Forsythe	4.858	1	118.243	0.029
RG2	Welch	2.049	1	159.449	0.154
	Brown-Forsythe	2.049	1	159.449	0.154
RG3	Welch	6.267	1	141.722	0.013
	Brown-Forsythe	6.267	1	141.722	0.013

注：显著性水平：0.05；RG1为公司在欺诈发生年度是否被ST，是取值为1，否取值为0；RG2为公司在欺诈被披露年度是否被ST，是取值为1，否取值为0；RG3为对监管要求的熟悉程度，以上市时间长短衡量。

从上述描述性统计信息和方差分析来看，在欺诈发生年度，只有很少一部分欺诈公司被实行"ST"，大部分欺诈公司表现出较好的财务状况，而较多的控制公司却被实行"ST"。表面来看，上市公司面临的监管压力与财务报告欺诈发生的可能性之间并不存在显著关联关系。然而，当同时考虑变量RG2的结果时，才能了解事情的真相。变量RG2衡量公司在欺诈被中国证监会披露的年度是否被 ST，研究发现，欺诈样本和控制样本之间不存在显著差异：均值分别为 0.3 和 0.21，即欺诈样本中有 30%的公司被实行“ST”，而控制样本中有 21%的公司被实行“ST”。在本书第 4 章样本时间性特征的描述性统计分析时，曾指出财务报告欺诈从发生到被中国证监会发现并披露出来，有一个时间差，大概在 2～6 年之间。对于变量 RG1 和 RG2，可以合理解释为当上市公司出现财务困境时，其为了防止自身股权融资和债权融资受到影响，可能通过财务报告欺诈行为掩盖了财务困境，避免了当年被实行“ST”；然而，欺诈活动仅能暂时性地掩盖财务困境，如果公司不采取有效的措施改善财务状况，财务困境早晚会暴露出来并被发现，过了几年之后，公司还是会被实行“ST”。这解释了变量 RG1 和 RG2 出现的不同结果，也说明了上市公司面临的监管压力会增加其进行财务报告欺诈的可能性。对于公司的上市时间，研究发现欺诈样本的上市时间相对较短，这与美国反虚假财务报告委员会(The National Commission on Fraudulent Financial Reporting) 1987 年的报告结果相一致，即上市时间较短的公司更易于发生财务报告欺诈。

11.3.2　全样本回归分析

本研究在进行 Logistic 回归之前，先对研究变量进行因子分析，防止在回归中可能出现多重共线性的问题。当变量包含高度相似的信息时，模型中回归系数的估计会出现误差，从而影响分析结果。因子分析的相关系数矩阵如表 11－6 所示。

表 11－6　方差分析的相关系数矩阵

		RG1	RG2	RG3
相关性	RG1	1.000	0.457	0.181
	RG2	0.457	1.000	0.185
	RG3	0.181	0.185	1.000

续 表

		RG1	RG2	RG3
显著性 (一尾检验)	RG1		0.000	0.010
	RG2	0.000		0.009
	RG3	0.010	0.009	
KMO 和 Bartlett's 检验值：45.340(显著系数：0.000)				

注：显著性水平：0.05；RG1 为公司在欺诈发生年度是否被 ST，是取值为 1，否取值为 0；RG2 为公司在欺诈被披露年度是否被 ST，是取值为 1，否取值为 0；RG3 为对监管要求的熟悉程度，以上市时间长短衡量。

表 11-6 显示，三个研究变量之间存在显著的相关关系，其中，变量 RG1(公司在欺诈发生年度是否被 ST)与 RG2(公司在欺诈被披露年度是否被 ST)高度相关，其相关系数为 0.457，显著性系数为 0.000。考虑到变量 RG1 和 RG2 均为 1/0 变量，若使用主成分分析法将其含有的信息浓缩至因子之中，不方便解释，因此，本部分对变量进行处理，调整回归模型以进行更有效的分析。

笔者引入一个新的研究变量为 PRE，其计算公式为 PRE＝RG2－RG1，衡量上市公司的监管压力，当 PRE 为 1，说明上市公司在欺诈发生年度没有被“ST”，而在欺诈被披露年度被“ST”，那么上市公司在欺诈发生时已经有了规避监管的动机；当 PRE 为 0 时，说明上市公司在欺诈发生年度和欺诈被披露年度均没有被“ST”，因此面临监管压力相对较小；而当 PRE 为－1 时，说明上市公司财务状况得到了实质性的改善，不再承受监管压力。

将新变量 PRE 替代变量 RG1 和 RG2 纳入回归分析之中，得到新的 Logistic 回归模型如下所示：

$$FSF_i = \alpha' + \beta'_1 PRE_i + \beta'_2 RG3_i + \beta'_3 IC_i + \beta'_4 CS_i + \beta'_5 H_i + \beta'_6 AO_i + \beta'_7 LEVER_i + \beta'_8 ROE_i + \beta'_9 RSG_i + \varepsilon_i \quad (11.2)$$

其中，FSF 为财务报告欺诈变量，欺诈公司取值为 1，非欺诈公司取值为 0；PRE 为上市公司承受监管压力变量，其计算公式为 PRE＝RG2－RG1；RG3 为对监管要求的熟悉程度，以上市时间长短衡量；IC 为行业变量,公司处于制造业这种竞争激烈、资源较少的行业时取值为 1,否则取值为 0;CS 为公司规模,以期末总资产的自然对数衡量;H 为欺诈历史,当公司以往年度发生过财务报告欺诈行为时取值为 1,否则取值为 0;AO 为审计意见,当外部审计师出具标准无保留审计意见时取值为 1,否则取值为 0;LEVER 为财务杠杆,以期末资产负债率衡量;ROE 为盈利能力,以期末净资产收益率衡量;RSG 为成长能力,以当年销售增长率衡量;i 为各个公司,取值从 1 到 164;ε 为残差。

表 11－7 列示了 Logistic 回归的分析结果。整个模型的 Chi-square 检验值为 83.732,显著系数为 0.000,说明回归方程整体上是显著的。对于上市公司承受监管压力变量(PRE),其显著系数为 0.022,小于 0.05,说明当上市公司承受了监管压力时,其会增加财务报告欺诈行为的可能性;对于公司的上市时间(RG3),其系数为显著负相关(显著系数为 0.016),说明上市时间较短的公司更容易发生财务报告欺诈。这个结果与方差分析的结果基本一致。对于 7 个控制变量,其系数均不显著,说明这些因素不会影响财务报告欺诈发生的可能性。综上可见,在 Logistic 回归中控制了一些公司特征因素后发现,假设 11.1 和 11.2 均得到验证。

表 11－7 Logistic 回归的分析结果

系数	解释变量	预测关系	估计系数	标准误	Wald 值	显著性
α'	常数	无	－1.684	7.082	0.057	0.812
监管要求作用变量:						
β'_1	PRE	＋	1.358	0.245	4.419	0.022
β'_2	RG3	－	－0.212	0.233	4.475	0.016
控制变量:						
β'_3	IC	无	－0.127	0.435	0.085	0.770
β'_4	CS	无	0.087	0.332	0.069	0.792
β'_5	H	无	21.968	6 054.434	0.000	0.997
β'_6	AO	无	－1.382	0.969	2.032	0.154
β'_7	LEVER	无	1.111	1.523	0.532	0.466

续 表

系数	解释变量	预测关系	估计系数	标准误	Wald 值	显著性
β'_8	ROE	无	－0.002	0.004	0.352	0.553
β'_9	RSG	无	－0.242	0.433	0.313	0.576
Chi-Square 检验值：83.732(显著系数：0.000) 样本数：164,其中欺诈样本：82;控制样本：82						

注：显著性水平：0.05;PRE 为上市公司承受监管压力变量,其计算公式为 PRE＝RG2－RG1;RG3 为对监管要求的熟悉程度,以上市时间长短衡量;IC 为行业变量,公司处于制造业这种竞争激烈、资源较少的行业时取值为 1,否则取值为 0;CS 为公司规模,以期末总资产的自然对数衡量;H 为欺诈历史,当公司以往年度发生过财务报告欺诈行为时取值为 1,否则取值为 0;AO 为审计意见,当外部审计师出具标准无保留审计意见时取值为 1,否则取值为 0;LEVER 为财务杠杆,以期末资产负债率衡量;ROE 为盈利能力,以期末净资产收益率衡量;RSG 为成长能力,以当年销售增长率衡量。

11.4 小　　结

本章主要从监管要求的角度,考察监管者的作用对财务报告欺诈的影响,包括公司规避证券市场监管和对监管要求熟悉程度两个方面。基于方差分析和 Logistic 回归的实证分析结果,本章提出的两个研究假设(假设 11.1：当上市公司存在规避证券市场监管的动机时,其发生财务报告欺诈行为的可能性较大;假设11.2：上市时间较短的公司,其发生财务报告欺诈行为的可能性较大)均得到验证。研究发现,在欺诈发生年度,只有很少一部分欺诈公司被实行"ST",大部分欺诈公司表现出较好的财务状况,而较多的控制公司却被实行"ST";在欺诈被披露年度,欺诈样本和控制样本之间不存在显著差异：欺诈样本中有 30%的公司被实行"ST",而控制样本中有 21%的公司被实行"ST"。这说明当上市公司出现财务困境时,其为了防止自身股权融资和债权融资受到影响,可能通过财务报告欺诈行为掩盖了财务困境,避免了当年被实行"ST";然而,欺诈活动仅能暂时性地掩盖财务困境,如果公司不采取有效的措施改善财务状况,财务困境早晚会暴露出来并被发现,过了几年之后,公司还是会被实行"ST"。因此,上市公司面临的监管压力会增加其进行财务报告欺诈的可能性。对于公司的上市时间，研究发现欺诈样本的上市时间相对较短，这与美国反虚假财务报告委员会 1987 年的报告结果相一致，即上市时间较短的公司更易于发生财务报告欺诈。

第 12 章　研究结论与进一步研究展望

本书重点探讨中国上市公司财务报告欺诈与公司治理之间的关系，在构建新“欺诈三角”框架对两者关系进行理论分析的基础上，实证考察公司治理各个参与方如何影响上市公司财务报告欺诈发生的可能性，包括股东大会特征、董事会特征、审计委员会特征、监事会特征、高层管理者特征、外部审计师特征以及监管要求的影响作用。本章主要对前述分析进行归纳总结，并对下一步研究进行展望。

12.1　主要研究内容及结论

本节主要从公司治理 7 个参与方如何影响上市公司财务报告欺诈发生可能性的方面，对本研究进行归纳和总结。

12.1.1　财务报告欺诈与股权结构的关系

本部分从股权结构的角度出发，考察股东大会的特征对财务报告欺诈的影响，包括股权集中度和股权类型两个方面，得到以下主要结论：

(1) 无论是欺诈样本还是控制样本，大股东持股比例均较高，同时超过一半的样本公司大股东为国有股东；虽然欺诈样本和控制样本的股权集中度均较高，但与控制样本相比，欺诈样本的股权集中度相对较分散；

(2) 与以往研究认为国有股比例和流通股比例会影响公司业绩和公

司治理水平不同，本研究并未发现股权结构中国有股所占比例和社会公众股所占比例，对财务报告欺诈发生的可能性有显著影响；

(3) 本部分提出的研究假设(假设 5.1：当中国上市公司股权集中度越高时，其发生财务报告欺诈行为的可能性越大；假设 5.2：当中国上市公司股权结构中有较多国有股时，其发生财务报告欺诈行为的可能性较大；而当股权结构中有较多社会公众股时，其发生财务报告欺诈行为的可能性较小)均未得到验证。

12.1.2　财务报告欺诈与董事会特征的关系

本部分考察董事会的特征对财务报告欺诈的影响，包括董事会规模、董事持股、董事长变更、董事会独立性和独立董事比例 5 个方面，得到以下主要结论：

(1) 无论是欺诈样本还是控制样本，其董事会规模处于较中等的水平；虽然欺诈样本和控制样本董事持有公司股份比例均较低，但与控制样本相比，欺诈样本董事持有略高的公司股份比例；两个样本组均发生较少的董事长变更，并且董事会拥有较低的独立董事比例；

(2) 欺诈样本内部董事持有公司股份比例相对较高，然而在控制了一些企业自身特征因素后，内部董事持有公司股份比例的作用不再明显；当上市公司董事长和总经理由同一个人担任时，董事会被内部人所控制，公司发生财务报告欺诈的可能性较大，同时在董事会监管效率较低的情况下，发生财务报告欺诈的公司召开了较多的董事会会议；

(3) 本部分提出的研究假设，仅关于董事会独立性的假设(假设四：当中国上市公司董事长和总经理由同一个人担任时，其发生财务报告欺诈行为的可能性较大)得到验证，其余假设(假设 6.1：当中国上市公司董事会规模较小时，其发生财务报告欺诈行为的可能性较大；假设 6.2：当中国上市公司董事持股比例较低时，其发生财务报告欺诈行为的可能性较大；假设 6.3：发生财务报告欺诈的上市公司会倾向于较少变更董事长；假设五：当中国上市公司董事会中有较高比例的独立董事时，其发生财务报告欺诈行为的可能性较小)均未得到验证。

12.1.3 财务报告欺诈与审计委员会特征的关系

审计委员会是董事会下设的专业委员会,被认为是股东权益的终极守护者,本部分考察审计委员会的特征对财务报告欺诈的影响,得到以下主要结论:

(1) 审计委员会在欺诈样本和控制样本中均不是很普遍:2002 年之后,56%的欺诈公司和 31%的控制公司设立了审计委员会。方差分析的结果显示,较多的欺诈样本公司设立了审计委员会,可能的原因为:第一,尽管审计委员会制度已被引进中国,并且理论上认可了其监督内部控制效率和效果、防范财务报告过程中任何不合规行为的职能,但在公司实际运营中,审计委员会并没有发挥其被预期的作用;第二,与前述相反,设立了审计委员会的上市公司,更容易发现其内部存在的财务报告欺诈行为。对于这两点原因解释,本研究认为第一点更符合实际情况。在审计委员会制度并不成熟的情况下,上市公司很可能为了满足监管要求,形式上设立了审计委员会,但实质上并没有令其发挥作用,而发生财务报告欺诈的公司,为了显示其拥有"合理"的公司治理结构,形式上设立审计委员会的动机会更强。除此之外,中国证监会对于上市公司设立审计委员会的一些详细具体的规则仍然不够完善,这也在一定程度上增加了审计委员会发挥实质作用和职能的难度。在控制了一些企业自身特征因素后,实证结果显示,审计委员会并没有发挥其被赋予的控制和防范财务报告欺诈行为的作用。

(2) 本部分提出的研究假设(当中国上市公司拥有审计委员会时,其发生财务报告欺诈行为的可能性较小)未得到验证。

12.1.4 财务报告欺诈与监事会特征的关系

本部分考察监事会的特征对财务报告欺诈的影响,包括监事会规模和监事持股两个方面,得到以下主要结论:

(1) 无论是欺诈样本还是控制样本,其监事会规模均不大;虽然欺诈样本和控制样本监事持有公司股份比例均较低,但与控制样本相比,欺诈样本监事持有略高的公司股份比例;对于监事会年度会议次数,欺诈样本和控制样本均为 4 次左右,差异并不明显。结合第 6 章的实证结果:董事会被内部人控制的情况在欺诈样本中更为普遍,在这种情况下,监事会较难发挥作用。加之中国上市公司监事会,并不拥有像德国监事会那样的权力,包括有权任命或解聘董事会成员、决定高层管理者的薪酬等,这使得监事会的职能发挥更加受到限制。综上所述,虽然理论上监事会被认为是公司和内部人员的监督者、股东权益的保护者,但在实际工作中,监事会并没有发挥其应该发挥的作用;

(2) 本部分提出的研究假设(假设 8.1:当中国上市公司监事会规模较小时,其发生财务报告欺诈行为的可能性较大;假设 8.2:当中国上市公司监事持股比例较低时,其发生财务报告欺诈行为的可能性较大)未得到验证。

12.1.5 财务报告欺诈与高管特征的关系

高层管理者通常被认为是被监管方,因为高层管理者对财务报告的真实性、准确性和会计信息质量负主要责任,其他参与方则负监督责任。公司治理结构中包含高层管理者,并不是意味着其自己治理自己,而是公司治理作为一种机制,需要针对高层管理者本身设置一些刺激或约束,以规范其行为,其他参与方更多是提供外部监督的保障。本部分考察高层管理者的特征对财务报告欺诈的影响,包括高管持股和高管变更两个方面,得到以下主要结论:

(1) 欺诈样本和控制样本高层管理者持有公司股份的情况均不太普遍;与控制样本相比,欺诈样本的高层管理者拥有较多公司股份,说明虽然高管持股在两个样本组中不太普遍,但一旦有了这种手段,其并没有发挥正面效应,而是起到了负面作用;与控制样本相比,欺诈样本发生较多高层管理者变更,可能的原因为,虽然长期不更换高层管理者会带来问题，但频繁更换高层管理者同样也是公司可能存在异常情况的信号；

(2) 对于高层管理者权力变量，实证结果显示，发生财务报告欺诈的公司，其高层管理者通常拥有额外的权力，即通过同时担任董事长控制董事会的运作，从而使董事会丧失了监管高层管理者的作用；

(3) 本部分提出的研究假设(假设 9.1：发生财务报告欺诈的中国上市公司，其高管持股比例较小；假设 9.2：发生财务报告欺诈的上市公司会倾向于较少变更高层管理者)未得到验证，反而实证结果得到了与假设相反的结果。

12.1.6 财务报告欺诈与外部审计师特征的关系

在公司内部治理结构建立之前和初期，外部审计师一直被认为是公司治理中最重要的角色。本部分考察外部审计师的特征对财务报告欺诈的影响，包括审计独立性和审计质量两个方面，得到以下主要结论：

(1) 欺诈样本和控制样本均发生了会计师事务所变更，但与控制样本相比，欺诈样本发生了更多的会计师事务所变更；对于会计师事务所承担外部审计的年限，欺诈样本比控制样本相对较短。可能的原因为在审计初期，由于缺乏深入的信息，审计师无法全面切实地掌握被审计单位的财务状况，因此很难识别被审计单位存在的欺诈活动，而随着提供审计服务时间的增加，审计师与被审计单位之间的信息不对称逐渐减少，被审计单位为了防止其财务欺诈行为被发现，可能会选择更换会计师事务所；抑或是，在审计师执行审计业务时，当其发现被审计单位的欺诈活动，出于自身职责的考虑，会要求被审计单位做相应的调整，在被审计单位不愿意接受调整建议的情况下，审计师与被审计单位之间的矛盾也容易导致审计服务合同的终止，会计师事务所遭到变更；

(2) 研究还发现欺诈样本和控制样本聘请国际“四大”会计师事务所的情况并不普遍，未发现大规模的知名会计师事务所，如国际“四大”会计师事务所，会更有效地识别和发现财务报告欺诈行为；

(3) 本部分提出的研究假设(假设10.1：发生财务报告欺诈行为的上市公司，其会计师事务所变更较少；假设10.2：发生财务报告欺诈行为的上市公司，其会计师事务所任期较长；假设10.3：当上市公司聘请"四大"会计师事务所作为其外部审计机构时，其发生财务报告欺诈行为的可能性较小)未得到验证，反而实证结果得到了与假设10.1和假设10.2相反的结果。

12.1.7　财务报告欺诈与监管要求的关系

本部分从监管要求的角度，考察监管者的作用对财务报告欺诈的影响，包括公司规避证券市场监管和对监管要求熟悉程度两个方面，得到以下主要结论：

(1) 在欺诈发生年度，只有很少一部分欺诈公司被实行"ST"，大部分欺诈公司表现出较好的财务状况，而较多的控制公司却被实行"ST"；在欺诈被披露年度，欺诈样本和控制样本之间不存在显著差异：欺诈样本中有30%的公司被实行"ST"，而控制样本中有21%的公司被实行"ST"，这说明当上市公司出现财务困境时，其为了防止自身股权融资和债权融资受到影响，可能通过财务报告欺诈行为掩盖了财务困境，避免了当年被实行"ST"，然而，欺诈活动仅能暂时性地掩盖财务困境，如果公司不采取有效的措施改善财务状况，财务困境早晚会暴露出来并被发现，过了几年之后，公司还是会被实行"ST"，因此，上市公司面临的监管压力会增加其进行财务报告欺诈的可能性；

(2) 对于公司的上市时间，研究发现欺诈样本的上市时间相对较短，这与美国反虚假财务报告委员会1987年的报告结果相一致，即上市时间较短的公司更易于发生财务报告欺诈；

(3) 本部分提出的研究假设(假设11.1：当上市公司存在规避证券市场监管的动机时，其发生财务报告欺诈行为的可能性较大；假设11.2：上市时间较短的公司，其发生财务报告欺诈行为的可能性较大)得到了验证。

12.2 进一步研究的展望

本书通过实证考察公司治理各个参与方如何影响上市公司财务报告欺诈发生的可能性，发现基于中国上市公司所得的结果与以往基于美国公司所得结果不一致。首先，中国上市公司虽然普遍拥有较高的股权集中度，但与我们的预期相反，大股东在这个过程中发挥了积极的作用，可能的解释是，在中国资本市场监管体系和法律体系不健全的情况下，大股东只能自己保护自己，执行监管工作，这会抑制和防范公司财务报告欺诈行为。其次，一些热门的公司治理机制，如独立董事、审计委员会、监事会等，在理论上被认可其有责任监督公司财务报告过程，但实际中却没有发挥其预期的作用。在本研究所得结果基础上，本部分对后续进一步研究进行展望。

1. 拓展现有研究

如前所述，本研究发现一些成型于西方成熟公司治理结构（如英美系结构和欧洲大陆系结构）的机制，虽然理论上被认可，但在中国上市公司实际运作中却没有起到其应该起到的作用。未来研究需进一步挖掘这些机制的作用受到限制的深层次原因，如财务报告欺诈发生的一个原因是公司治理效果不佳，那么公司治理效果不佳又是什么原因导致的？适用于西方成熟市场的公司治理机制，会适用于中国这个新兴市场吗？至少从本研究结果来看，大股东在中国公司治理中起着积极的作用，那么盲目降低公司股权集中度的做法便是不可取的。这些问题都需要后续的研究进一步思考和探讨。

2. 发展相关研究

本研究主要立足于中国上市公司，通过与以往主要基于美国公司的研究相比较，所得结果存在不一致性。然而，中国上市公司与美国上市公司的特征差异较大，如中国公司的股权较为集中，而美国公司的股权相对较分散，这些可能会影响公司治理机制作用的发挥。那么，与美国公司相比可能存在偏差。如本书第2章所述，中国公司在股权结构上与欧洲大陆公司较为相近，但基于欧洲大陆公司财务报告欺诈的研究目前较少，未来可考虑对中国公司财务报告欺诈与公司治理的关系和欧洲大陆公司财务报告欺诈与公司治理的关系进行比较分析，包括选择配对案例进行比较分析或采集大样本数据进行比较分析，以进一步探索公司治理机制的有效性如何提升等相关问题。

参 考 文 献

英文文献

[1] Abbott L. J., Parker S., Peters G. F.. Audit Committee Characteristics and Restatements[J]. *Auditing*, 2004(1).

[2] Albrecht C. C., Albrecht W. S., Dunn J. G.. Can Auditors Detect Fraud: A Review of the Research Evidence[J]. *Journal of Forensic Accounting*, 2001(2).

[3] Albrecht W. S., Romney M. B.. Red-Flagging Management Fraud: A Validation[J]. *Advances in Accounting*, 1986(3).

[4] Albrecht W. S., Wernz G. W., Williams T. L.. *Fraud: Bring the Light to the Dark Side of Business*[M]. New York: Irwin Inc, 1995.

[5] Allen R. D., Hermanson D. R., Kozloski T. M. et al.. Auditor Risk Assessment: Insights from the Academic Literature[J]. *Accounting Horizons*, 2006(2).

[6] Alleyne P., Howard M.. An Exploratory Study of Auditors' Responsibility for Fraud Detection in Barbados[J]. *Managerial Auditing Journal*, 2005(3).

[7] American Institute of Certified Public Accountants (AICPA). Report of the National Commission on Fraudulent Financial Reporting[R]. New York: AICPA, 1987.

[8] American Institute of Certified Public Accountants (AICPA).

Special Committee on Financial Reporting, Improving Business Reporting — A Customer Focus[R]. New York: AICPA, 1993.

[9] American Institute of Certified Public Accountants (AICPA). Serving the Public Interest: A New Conceptual Framework for Auditor Independence, The Independence Standards Board (November). Exposure Draft[R]. New York: AICPA, 1997.

[10] American Institute of Certified Public Accountants (AICPA). Statement of Auditing Standards No. 82, Consideration of Fraud in a Financial Statement Audit[R]. New York: AICPA, 1997.

[11] Anderson J.. Fraud in Research, 1986 - 1992: An Annotated Bibliography[J]. *Journal of Information Ethics*, 1994(2).

[12] Association of Certified Fraud Examiners. Cooking the Books: What Every Accountant Should Know About Fraud[R]. No. 92 - 5401. Self-Study Workbook: 12, Austin, TX, 1993.

[13] Ball R.. Market and Political/Regulatory Perspectives on the Recent Accounting Scandals[J]. *Journal of Accounting Research*, 2009(2).

[14] Baucus M. S., Near J. P.. Can Illegal Corporate Behaviour Be Predicted? An Event History Analysis[J]. *Academy of Management Journal*, 1991(34).

[15] Baucus M. S.. Pressure, Opportunity and Predisposition: A Multivariate Model of Corporate Illegality[J]. *Journal of Management*, 1994(4).

[16] Beasley M. S.. An Empirical Analysis of the Relation between the Board of Director Composition and Financial Statement Fraud[J]. *Accounting Review*, 1996(4).

[17] Beasley M. S., Carcello J. V., Hermanson D. R. et al.. Fraudulent Financial Reporting: Consideration of Industry Traits and Corporate Governance Mechanisms[J]. *Accounting Horizons*,

2000(4).

[18] Beck P., Frecka T., Solomon, I.. A Model of the Market for MAS and Audit Service: Knowledge Spillovers and Auditor-Auditee Bonding[J]. *Journal of Accounting Literature*, 1988(1).

[19] Bedard J. C., Simnett R., Devoe-Talluto J. A.. Auditors' Consideration of Fraud: How Behavioural Research Can Address the Concerns of Standard Setters[J]. *Advances in Accounting Behavioural Research*, 2001(4).

[20] Belkaoui A.. *The Cultural Shaping of Accounting*[M]. New York: Greenwood Press Inc, 1995.

[21] Bell T. B., Carcello J. V.. A Decision Aid for Assessing the Likelihood of Fraudulent Financial Reporting[J]. *Auditing*, 2000(1).

[22] Bell T. B., Szykowny S., Willingham J. J.. Assessing the Likelihood of Fraudulent Financial Reporting: A Cascaded Logit Approach[R]. Working Paper, KPMG Peat Marwick, Montvale, NJ, 1991.

[23] Beneish M. D.. Detecting GAAP Violation: Implications for Assessing Earnings Management among Firms with Extreme Financial Performance[J]. *Journal of Accounting and Public Policy*, 1997(3).

[24] Benston G. J.. An Analysis of the Role of Accounting Standards for Enhancing Corporate Governance and Social Responsibility[J]. *Journal of Accounting and Public Policy*, 1982(1).

[25] Berentsen A., Lengwiler Y.. Fraudulent Accounting and Other Doping Games[J]. *Journal of Institutional and Theoretical Economics*, 2004(3).

[26] Bishop T. S. F.. Fraud Prevention and Detection Tips for Audit Committee. Available: http://amrwd5953.arthurandersen.com/website.nsf/content/marketofferingsassuranceresourcesfraudprevention.

[27] Black W. K.. "Control Frauds" as Financial Super-Predators: How "Pathogens" Make Financial Markets Inefficient[J]. *Journal of Socio-Economics*, 2005(6).

[28] Bologna G. J., Lindquist R. J.. *Fraud Auditing and Forensic Accounting: New Tools and Techniques*[M]. New Jersey: John Wiley & Sons Inc, 1995.

[29] Bologna G. J., Lindquist R. J., Wells J. T.. *The Accountant's Handbook of Fraud and Commercial Crime*[M]. New Jersey: John Wiley & Sons Inc, 1993.

[30] Bonner S. E., Palmrose Z., Young S. M.. Fraud Type and Auditor Litigation: An Analysis of SEC Accounting and Auditing Enforcement Releases[J]. *Accounting Review*, 1998(4).

[31] Bradbury D.. At Work With the Digital Detectives-When Number Crunchers and Bean Counters Meet[J]. *Digital Investigation*, 2006(1).

[32] Braun R. L.. The Effect of Time Pressure on Auditor Attention to Qualitative Aspects of Misstatements Indicative of Potential Fraudulent Financial Reporting[J]. *Accounting, Organizations and Society*, 2000(3).

[33] Brenner S., Cochran P.. The Stakeholder Theory of the Firm: Implication for Business and Society Theory and Research[J], *IABS Proceedings 1991*, 1991.

[34] Brody R. G., Golen S. P., Reckers P. M. J.. An Empirical Investigation of the Interface between Internal and External Auditors[J]. *Accounting and Business Research*, 1998(3).

[35] Brown P.. Earnings Management: A Subtle (and Troublesome) Twist to Earnings Quality[J]. *Journal of Financial Statement Analysis*, 1999(2).

[36] Carcello J. V., Nagy A. L.. Audit Firm Tenure and Fraudulent Financial Reporting[J]. *Auditing*, 2004(2).

[37] Carcello J. V., Hermanson D. R., Huss H. F.. Going-Concern Opinions: the Effects of Partner Compensation Plans and Client Size[J]. *Auditing*, 2000(1).

[38] Carpenter T. D., Reimers J. L.. Unethical and Fraudulent Financial Reporting: Applying the Theory of Planned Behavior [J]. *Journal of Business Ethics*, 2005(2).

[39] Carter R., Stover R.. Management Ownership and Firm Value Compensation Policy: Evidence from Converting Savings and Loan Associations[J]. *Financial Management*, 1991(Winter).

[40] Cheffins B. R.. Did Corporate Governance "Fail" During the 2008 Stock Market Meltdown? The Case of the S&P 500[J]. *Business Lawyer*, 2009(1).

[41] Cherry A. A.. Sunbeam Corporation Case: "Bill and Hold Sales, Channel Stuffing, and Lots of Returns: The Effects on Revenue, Inventories, and Receivables" [J]. *Advances in Public Interest Accounting*, 2004(10).

[42] Cohen J., Krishnamoorthy G., Wright A. M.. Corporate Governance and the Audit Process[J]. *Contemporary Accounting Research*, 2002(4).

[43] Committee of Sponsoring Organizations of the Treadway Commission (COSO). Fraudulent Financial Reporting: 1987 - 1997, An Analysis of U. S. Public Companies[R]. New York: COSO, 1999.

[44] Coopers, Lybrand. Red Flags for Fraud[R]. *CPA Journal*, 1977(8).

[45] Cotton D.. Fixing CPA Ethics can be an Inside Job. Available: http://www.washingtonpost.com/ac2/wpdyn/a50649 - 2002oct19?language=pringter.

[46] Courakis N.. Financial Crime Today: Greece as a European Case Study[J]. *European Journal on Criminal Policy and Research*,

2001(2).

[47] Crane A., Matten D.. *Business Ethics* [M]. Oxford: Oxford University Press Inc, 2007.

[48] Cullinan C. P., Sutton S. G.. Defrauding the Public Interest: A Critical Examination of Reengineered Audit Processes and the Likelihood of Detecting Fraud[J]. *Critical Perspectives on Accounting*, 2002(3).

[49] Daboub A. J., Calton J. M.. Stakeholder Learning Dialogues: How to Preserve Ethical Responsibility in Networks[J]. *Journal of Business Ethics*, 2002(1-2).

[50] Davis L. R., Soo B., Trompeter G.. Auditor Tenure, Auditor Independence and Earnings Management [R]. Working Paper, Boston College. 2003.

[51] DeAngelo H., DeAngelo L., Skinner D. J.. Accounting Choice in Troubled Companies[J]. *Journal of Accounting and Economics*, 1994(1-2).

[52] DeAngelo L. E.. Auditor Independence, "Low Balling", and Disclosure Regulation[J]. *Journal of Accounting and Economics*, 1981(2).

[53] Dechow P. M., Skinner P. J.. Earnings Management: Reconciling the Views of Accounting Academics, Practitioners, and Regulators [J]. *Accounting Horizons*, 2000(2).

[54] Dechow P. M., Sloan R. G., Sweeney A. P.. Causes and Consequences of Earnings Manipulation: An Analysis of Firms Subject to Enforcement Actions by the SEC[J]. *Contemporary Accounting Research*, 1996(1).

[55] Defond M. L., Jiambalvo J.. Debt Covenant Violation and Manipulation of Accruals[J]. *Journal of Accounting and Economics*, 1994(1-2).

[56] Dietl H. M.. *Capital Markets and Corporate Governance in Japan, Germany, and the United States*[M]. London: Routledge, 1998.

[57] DiMaggio P. J., Powell W. W.. The Iron Cage Revisited: Institutional Isomorphism and Collective Rationality in Organizational Fields[J]. *Advances in Strategic Management*, 2000(17).

[58] Duncan S. M.. The Empirics of Governance and Fraud[J]. *University of Pittsburgh Law Review*, 2009(3).

[59] Dunn P.. The Impact of Insider Power on Fraudulent Financial Reporting[J]. *Journal of Management*, 2004(3).

[60] Elliott R. K., Willingham J. J.. *Management Fraud: Detection and Deterrence*[M]. New York: Petrocelli Books. 1980.

[61] Eng L. L., Mak Y. T.. Corporate Governance and Voluntary Disclosure[J], *Journal of Accounting and Public Policy*, 2003(4).

[62] Ernst, Young. European Fraud Survey 2009. Is Integrity A Casualty Of The Downturn? Available: http://www.ey.com/publication/vwluassets/european_fraud_survey_2009_-_is_integrity_a_casualty_of_the_downturn/$file/ernst%20&%20young%20european%20fraud%20survey%202009.pdf.

[63] Fama E. F., Jensen M. C.. Separation of Ownership and Control[J]. *Journal of Law and Economics*, 1983(6).

[64] Fama E. F.. Agency Problems and Theory of the Firm[J]. *Journal of Political Economy*, 1980(2).

[65] Farber D. B.. Restoring Trust after Fraud: Does Corporate Governance Matter? [J]. *Accounting Review*, 2005(2).

[66] Fich E. M., Shivdasani A.. Financial Fraud, Director Reputation, and Shareholder Wealth[J]. *Journal of Financial Economics*, 2007(2).

[67] Firth M., Mo P. L. L., Wong R. M. K.. Financial Statement Frauds and Auditor Sanctions: An Analysis of Enforcement

Actions in China[J]. *Journal of Business Ethics*, 2005(4).

[68] Forsythe R., Lundholm R., Rietz T.. Cheap Talk, Fraud, and Adverse Selection in Financial Markets: Some Experimental Evidence[J]. *Review of Financial Studies*, 1999(3).

[69] Gavious I.. Alternative Perspectives to Deal with Auditors' Agency Problem[J]. *Critical Perspectives on Accounting*, 2007(4).

[70] Geiger M. A., Raghunandan K.. Auditor Tenure and Audit Reporting Failure[J]. *Auditing: A Journal of Practice and Theory*, 2002(1).

[71] Gerum E., Steinmann H., Fees W.. *Der Mitbestimmte Aufsichtsrat: Eine Empirische Untersuchung*[M]. Stuttgart: Schäffer Verlag, 1988.

[72] Gillett P. R., Uddin N.. CFO Intentions of Fraudulent Financial Reporting[J]. *Auditing*, 2005(1).

[73] Goel A., Thakor A.. Why do Firms Smooth Earnings? [J]. *The Journal of Business*, 2003(Jan.).

[74] Hancox S. J.. Red Flags for Fraud. Available: http://www.osc.state.ny.us/localgov/pubs/red_flags_fraud.pdf.

[75] Helliar C., Bebbington J.. Taking Ethics to Heart[R]. The Institute of Chartered Accountants of Scotland (ICAS) Report, 2004.

[76] Hermalin B. E., Weisbach M. S.. Endogenously Chosen Boards of Directors and their Monitoring of the CEO[J]. *American Economic Review*, 1998(1).

[77] Hunt C.. Current SEC Financial Fraud Developments. Available: www.sec.gov/news/speeches/spch351.htm.

[78] Jaffar N., Salleh A., Iskandar T. M. et al.. The Effects of Fraud Risk Assessment on the External Auditor's Ability to Detect the Likelihood of Fraud: A Conceptual Discussion[J]. *European Journal of Scientific Research*, 2007(3).

[79] James K. L.. The Effects of Internal Audit Structure on Perceived

Financial Statement Fraud Prevention[J]. *Accounting Horizons*, 2003(4).

[80] Jennings M. M., Pany K. J., Reckers P. M. J.. Strong Corporate Governance and Audit Firm Rotation: Effects on Judges' Independence Perceptions and Litigation Judgments[J]. *Accounting Horizons*, 2006(3).

[81] Jensen M. C., Meckling W.. Theory of Firm: Managerial Behaviour, Agency Costs, and Ownership Structure[J]. *Journal of Financial Economics*, 1976(3).

[82] Jensen M. C., Murphy K. J.. CEO Incentives: It's Not How Much You Pay, But How[J]. *Harvard Business Review*, 1990(3).

[83] Jensen M. C., Warner J. B.. The Distribution of Power among Corporate Managers, Shareholders, and Directors[J]. *Journal of Financial Economics*, 1988(C).

[84] Jensen M. C.. The Modern Industrial Revolution, Exit, and the Failure of Internal Control Systems[J]. *Journal of Finance*, 1993(48).

[85] Johnson N.. The Problem of "Earnings Management" Insights [J]. *The Corporate and Securities Law Advisor*, 1999(6).

[86] Karpoff J. M., Scott Lee D., Martin G. S.. The Consequences to Managers for Financial Misrepresentation[J]. *Journal of Financial Economics*, 2008(2).

[87] Kinney Jr. W. R., Mcdaniel L. S.. Characteristics of Firms Correcting Previously Reported Quarterly Earnings[J]. *Journal of Accounting and Economics*, 1989(1).

[88] Knapp C. A., Knapp M. C.. The Effects of Experience and Explicit Fraud Risk Assessment in Detecting Fraud with Analytical Procedures. *Accounting*[J], *Organizations and Society*, 2001(1).

[89] Knapp M. C.. Factors that Audit Committees Use as a Surrogates

for Audit Quality [J]. *Auditing: A Journal of Practice and Theory*, 1991(1).

[90] Latham C. K., Jacobs F. A.. Monitoring and Incentive Factors Influencing Misleading Disclosures [J]. *Journal of Managerial Issues*, 2000(2).

[91] Lee C. I., Rosenstein S., Rangan N. et al.. Board Composition and Shareholder Wealth: The Case of Management Buyouts[J]. *Financial Management*, 1992(21).

[92] Leftwich R. W., Wattts R. L., Zimmerman J. L.. Voluntary Corporate Disclosure: The Case of Interim Reporting[J]. *Journal of Accounting Research*, 1981(19).

[93] Levitt A.. The Numbers Game. Speech at the New York University Centre for Law and Business. Available: www. sec. gov/news/speeches/spch220. txt.

[94] Lewin K.. Action Research and Minority Problems, in: Lewin, G. W. (Ed). *Resolving Social Conflict* [M]. London: Harper & Row, 1946.

[95] Loebbecke J. K., Eining M. M., Willingham J. J.. Auditors' Experience with Material Irregularities: Frequency, Nature, and Detectability[J]. *Auditing: A Journal of Practice & Theory*, 1989(Fall).

[96] Lotfi G.. Organizational Culture and Fraudulent Financial Reporting [J]. *The CPA Journal*. Available: http://www. allbusiness. com/accounting - reporting/fraud/1143181 - 1. html.

[97] Lys T., Watts R.. Lawsuits against Auditors [J]. *Journal of Accountancy Research*, 1994(32).

[98] Maddala G. S.. A Perspective on the Use of Limited-Dependent and Qualitative Variables Models in Accounting Research[J]. *The Accounting Review*, 1991(66).

[99] Magrath L., Weld L.. Abusive Earnings Management and Early Warning Signs[J]. *The CPA Journal*, 2002(8).

[100] Marciukaityte D., Szewczyk S. H., Uzun H. et al.. Governance and Performance Changes after Accusations of Corporate Fraud. *Financial Analysts Journal*, 2006(3).

[101] Marin D., Aldhizer Iii G., Campbell J. et al.. When Earnings Management becomes Fraud[J]. *Internal Auditing*, 2002 (7/8).

[102] Mautz R. K., Sharaf H. A.. The Philosophy of Auditing[R]. American Accounting Association, Sarasota, FA, 1961.

[103] McMullen D. A.. Audit Committee Performance: An Investigation of the Consequences Associated with Audit Committees[J]. *Auditing*, 1996(1).

[104] Menon K., Williams D. D.. The Use of Audit Committees for Monitoring[J]. *Journal of Accounting and Public Policy*, 1994(2).

[105] Molz R.. Managerial Domination of Boards of Directors and Financial Performance[J]. *Journal of Business Research*, 1988(16).

[106] Mulford C. W., Comiskey E. E.. *The Financial Numbers Game* [M]. New Jersey: John Wiley & Sons, Inc, 2002.

[107] National Association of Corporate Directors (NACD). 1999 - 2000 Public Company Governance Survey[R]. Washington, D. C.: NACD, 1999.

[108] National Commission on Fraudulent Financial Reporting (NCFFR). Report of the National Commission on Fraudulent Financial Reporting[R]. New York, 1987(10).

[109] Newman D. P., Patterson E., Smith R.. The Influence of Potentially Fraudulent Reports on Audit Risk Assessment and Planning[J]. *Accounting Review*, 2001(1).

[110] O'Brien P. C.. Analysts' Forecasts as Earnings Expectations[J]. *Journal of Accounting and Economics*, 1988(1).

[111] Palepu K. G.. Predicting Takeover Targets. A Methodological and Empirical Analysis[J]. *Journal of Accounting and Economics*, 1986(1).

[112] Patterson E., Noel J.. Audit Strategies and Multiple Fraud Opportunities of Misreporting and Defalcation[J]. *Contemporary Accounting Research*, 2003(3).

[113] Patton A., Baker J.. Why Do Directors Not Rock the Boat? [J]. *Harvard Business Review*, 1987(65).

[114] Persons O. S.. Audit Committee Characteristics and Earlier Voluntary Ethics Disclosure among Fraud and No-Fraud Firms [J]. *International Journal of Disclosure and Governance*, 2009(4).

[115] Pincus K., Rusbarsky M., Wong J.. Voluntary Formation of Corporate Audit Committees among NASDAQ Firms[J]. *Journal of Accounting and Public Policy*, 1989(4).

[116] Public Oversight Board, *Strengthening the Professionalism of the Independent Auditors*[M]. Stamford: POB, 1994.

[117] Rezaee Z.. *Financial Statement Fraud: Prevention and Detection* [M]. New Jersey: John Wiley & Sons, Inc, 2002.

[118] Rezaee Z.. Causes, Consequences, and Deterence of Financial Statement Fraud[J]. *Critical Perspectives on Accounting*, 2005(3).

[119] Robertson J. C.. *Fraud Examination for Managers and Auditors*[M]. Austin: Viesca Books, 2000.

[120] Rosenstein S., Wyatt J. G.. Outside Directors, Board Independence, and Shareholder Wealth[J]. *Journal of Financial Economics*, 1990(2).

[121] Rosner R. L.. Earnings Manipulation in Failing Firms [J]. *Contemporary Accounting Research*, 2003(2).

[122] Schilit H. M.. *Financial Shenanigans*[M]. New York: Mcgraw Hill, Inc, 1993.

[123] Schmidt R. H.. Corporate Governance in Germany: An Economic Perspective. Centre for Financial Studies[R]. CFS Working Paper, 2003/36.

[124] Securities and Exchange Commission (SEC), (1999a). Staff Accounting Bulletin 99, *Materiality*. Washington, DC: Securities and Exchange Commission, August 13.

[125] Securities and Exchange Commission (SEC), (1999b). Staff Accounting Bulletin 100, *Restructuring and Impairment Charges*. Washington, DC: Securities and Exchange Commission, November 24.

[126] Securities and Exchange Commission (SEC), (1999c). Staff Accounting Bulletin 101, *Revenue Recognition*. Washington, DC: Securities and Exchange Commission, December 3.

[127] Securities and Exchange Commission (SEC), (2002a). Speech by SEC Commissioner Hunt Jr Isaac C Remarks before the ABA Committee on Federal Regulation of Securities; April 6. Available: http://www.sec.gov/new/speech/spch550.htm.

[128] Securities and Exchange Commission (SEC), (2002b). Speech by SEC Chairman Harvey L. Pitt. Remarks before the Annual Meeting of the Bond Market Association; April 25. Available: http://www.sec.gov/new/speech/spch553.htm.

[129] Sen P. K.. Ownership Incentives and Management Fraud[J]. *Journal of Business Finance and Accounting*, 2007(7-8).

[130] Shankman N. A.. Reframing the Debate between Agency and Stakeholder Theories of the Firm[J]. *Journal of Business Ethics*, 1999(4).

[131] Shivdasani A.. Board Composition, Ownership Structure, and Hostile Takeovers[J]. *Journal of Accounting and Economics*, 1993(16).

[132] Shleifer A., Vishny R. W.. Large Shareholders and Corporate Control[J]. *Journal of Political Economy*, 1986(95).

[133] Simon H.. *Administrative Behaviour — a Study of Decision-Making Processes in Administrative Organization*, 3rd Ed[M]. The Free Press, 1976.

[134] Simon S. M., Kar Shun Wong H.. A Study of the Relationship between Corporate Governance Structures and the Extent of Voluntary Disclosure[J]. *Journal of International Accounting, Auditing and Taxation*, 2001(10).

[135] Simpson S. S., Piquero N. L.. Low Self-Control, Organizational Theory, and Corporate Crime[J]. *Law and Society Review*, 2002(3).

[136] Simpson S. S.. The Decomposition of Antitrust: Testing a Multi-Level Longitudinal Model of Profit-Squeeze[J]. *American Sociological Review*, 1986(51).

[137] Smith A.. "*On the Division of Labour*," *The Wealth of Nations* [M]. New York: Penguin Classics, 1986.

[138] Solomon I., Shields M., Whittington R.. What Do Industry Specialist Auditors Know? [J]. *Journal of Accounting Research*, 1999(1).

[139] Sommer A. A.. Auditing Audit Committees: An Educational Opportunity for Auditors[J]. *Accounting Horizons*, 1991(6).

[140] Spence M.. Signaling in Retrospect and the Informational Structure of Markets[J]. *American Economic Review*, 2002(3).

[141] Staw B. M.. The Experimenting Organization[J]. *Organizational Dynamics*, 1977(1).

[142] Summers S. L., Sweeney J. T.. Fraudulently Misstated Financial Statements and Insider Trading: an Empirical Analysis[J]. *Accounting Review*, 1998(1).

[143] The Treadway Commission. Report of the National Commission on Fraudulent Financial Reporting[R]. New York: AICPA, 1987(10).

[144] The U. S. Government Accountability Office (GAO), 2009. Improvements Needed in Corrective Action Plans to Remediate Financial Reporting Material Weaknesses. Available: http://www.gao.gov/new.items/d1065.pdf.

[145] Thomas J.. Unusual Patterns in Reported Earnings[J], *The Accounting Review*, 1989(4).

[146] Thornhill W. T., Wells J. T.. *Fraud Terminology Reference Guide*[M]. Association of Certified Fraud Examiners, Austin: Viesca Books, 1993.

[147] Tisdell C.. *Bounded Rationality and Economic Evolution: A Contribution to Decision Making, Economics and Management*[M]. Cheltenham, UK; Brookfield, VT.: Edward Elgar, 1996.

[148] Uddin N., Gillett P. R.. The Effects of Moral Reasoning and Self-Monitoring on CFO Intentions to Report Fraudulently on Financial Statements[J]. *Journal of Business Ethics*, 2002(1).

[149] Varian H.. Benford's Law[J]. *American Statistician*, 1972(23).

[150] Wallace W. A.. Assessing the Quality of Data Used for Benchmarking and Decision-Making[J]. *The Journal of Government Financial Management*, 2002(3).

[151] Wang F., Yang D.. Empirical Research on Accounting Estimate Application's Impact of Earnings Management in Chinese Public Companies, *Proceedings of International Conference on Construction and Real Estate Management 2006*[M]. Edited By Yaowu Wang. Orlando, FL.: China Architecture & Building Press, 2006.

[152] Watts R. L., Zimmerman J. L.. Positive Accounting Theory: A Ten Year Perspective[J]. *The Accounting Review*, 1990.

[153] Weintraub E. R.. *Micro-Foundations: The Compatibility of Microeconomics and Macroeconomics* [M]. Cambridge: Cambridge University Press Inc, 1979.

[154] Williamson J.. International Monetary Issues and the Developing Countries: A Comment[J]. *World Development*, 1975(9).

[155] Williamson O. E.. The Economies of Organization: The Transaction Cost Approach[J]. *American Journal of Sociology*, 1981(3).

[156] Williamson O. E.. Organization Form, Residual Claimants and Corporate Control[J]. *Journal of Law and Economics*, 1983(26).

[157] Williamson O. E.. Employee Ownership and Internal Governance. A Perspective[J]. *Journal of Economic Behavior and Organization*, 1985(3).

中文文献

[1] 陈关亭,兰凌.操控性应计利润审计质量的实证比较[J].审计与经济研究,2004(4).

[2] 陈关亭.我国上市公司财务报告舞弊因素的实证分析[J].审计研究,2007(5).

[3] 陈国欣,吕占甲,何峰.财务报告舞弊识别的实证研究——基于中国上市公司经验数据[J].审计研究,2007(3).

[4] 陈信元,夏立军.审计任期与审计质量:来自中国证券市场的经验证据[J].会计研究,2006(1).

[5] 崔学刚.公司治理机制对公司透明度的影响——来自中国上市公司的经验数据[J].会计研究,2004(8).

[6] 杜兴强.会计信息的产权问题研究[M].东北财经大学出版社,2002.

[7] 高山.论对公司财务报告舞弊的治理[J].上海金融学院学报,2007(2).

[8] 胡华夏.欺诈性财务报告的理论与实证研究[D].武汉理工大学,

2006.
[9] 胡旭阳."五大"的声誉是否具有显著信息含量?——来自我国IPOs的经验证据[J].证券市场导报,2002(3).
[10] 黄巧.董事会构成与财务报告舞弊问题研究[J].财会通讯,2005(3).
[11] 黄世忠.上市公司会计信息质量面临的挑战与思考[J].会计研究,2001(10).
[12] 李维安,郝臣.中国上市公司监事会治理评价实证研究[J].上海财经大学学报,2006(3).
[13] 李维安等.公司治理[M].南开大学出版社,2001.
[14] 梁杰,王璇,李进中.现代公司治理结构与会计舞弊关系的实证研究[J].南开管理评论,2004(6).
[15] 林毅夫.充分信息与国有企业改革[M].上海人民出版社,1997.
[16] 刘立国,杜莹.公司治理与会计信息质量关系的实证研究[J].会计研究,2003(2).
[17] 刘明辉,李黎,张羽.我国审计市场集中度与审计质量关系的实证分析[J].会计研究,2003(7).
[18] 吕长江,王力斌.上市公司董事会设置与公司业绩的实证研究——以东北地区为例[J].财经问题研究,2004(10).
[19] 南京大学会计学系课题组.中国企业会计实况调查[M].东北财经大学出版社,2002.
[20] 司茹.上市公司股权结构与财务报告舞弊关系分析[J].经济管理,2007(8).
[21] 宋德舜,宋逢明.国有控股、经营者变更和公司绩效[J].南开管理评论,2005(1).
[22] 王广亮,李秀华.论财务报告舞弊的审计责任[J].商业研究,2004(3).
[23] 王瑛.冷眼2000年股市三大热点[R].来源:http://finance.sina.com.cn/t/34687.html,2001.
[24] 王咏梅.上市公司财务信息自愿披露指数实证研究[J].证券市场导

报,2003(9).
[25] 王跃堂,涂建明. 上市公司审计委员会治理有效性的实证研究——来自沪深两市的经验证据[J]. 管理世界,2006(11).
[26] 吴敬琏. 现代公司与企业改革[M]. 天津人民出版社,1994.
[27] 吴淑琨. 股权结构与公司绩效的U型关系研究——1997-2000年上市公司的实证研究[J]. 中国工业经济,2002(1).
[28] 徐晓东,陈小悦. 第一大股东对公司治理、企业业绩的影响分析[J]. 经济研究,2003(2).
[29] 许小年,王燕. 中国上市公司的所有制结构与公司治理[M]. 北京:中国人民大学出版社,1997.
[30] 杨贺,马春爱. 经理人控制与高级管理人员报酬制定——对实行年薪制上市公司的实证分析[J]. 经济管理,2005(18).
[31] 于东智. 股权结构、治理效率与公司绩效[J]. 中国工业经济,2001(5).
[32] 余玉苗,李琳. 审计师任期与审计质量之间关系的理论分析[J]. 经济评论,2003(5).
[33] 张斌. 论审计委员会的演变及其启示[J]. 经济师,2007(5).
[34] 张维迎. 企业理论与中国企业改革[M]. 北京大学出版社,1999.
[35] 张潇. 上市公司治理结构对会计透明度影响的实证研究[D]. 吉林大学,2007.
[36] 张翼,刘巍,龚六堂. 中国上市公司多元化与公司业绩的实证研究[J]. 金融研究,2005(9).
[37] 章美珍. 财务报告舞弊端倪甄别及治理对策[J]. 当代财经,2002(5).
[38] 朱红军,林俞. 高管人员更换的财富效应[J]. 经济科学,2003(4).
[39] 朱长春. 公司治理标准[M]. 清华大学出版社,2014.
[40] 邹小芃,陈雪洁. Earnings Management of Chinese Listed Companies: A Survey of Empirical Studies[J]. 中国与世界经济(英文版),2002(4).

后　记

本书得到了如下基金项目支持：国家社科基金重点项目（批准号12AZD059）；教育部人文社会科学研究青年基金项目（批准号14YJC790149）；中央高校基本科研业务费专项项目（批准号SKZZX2013036）。

北京师范大学经济与工商管理学院、北京师范大学公司治理与企业发展研究中心各位同仁对本研究给予了大力支持，在此谨表谢意！

尤其感谢北京师范大学经济与工商管理学院院长赖德胜教授、党委书记沈越教授、北京师范大学公司治理与企业发展研究中心主任高明华教授的大力支持！

由于各种各样的原因，本研究肯定存在一些欠缺甚至错误，敬请读者批评指正，并电邮至 ydabdn@gmail.com。

北京师范大学经济与工商管理学院

杨　丹

2015年5月

图书在版编目(CIP)数据

上市公司财务报告欺诈与公司治理/杨丹著. —上海：东方出版中心，2016.1
(公司治理与国企改革研究丛书)
ISBN 978-7-5473-0896-7

Ⅰ. ①上… Ⅱ. ①杨… Ⅲ. ①上市公司-会计报表-研究-中国②上市公司-企业管理-研究-中国 Ⅳ. ①F279.246

中国版本图书馆 CIP 数据核字(2015)第 291583 号

责任编辑 乔 赫
封面设计 郁 悦

上市公司财务报告欺诈与公司治理

出版发行：东方出版中心
地　　址：上海市仙霞路 345 号
电　　话：62417400
邮政编码：200336
经　　销：全国新华书店
印　　刷：常熟新骅印刷有限公司
开　　本：710×1020 毫米 1/16
字　　数：180 千字
印　　张：14.25 插页 2
版　　次：2016 年 1 月第 1 版第 1 次印刷
ISBN 978-7-5473-0896-7
定　　价：49.80 元

东方出版中心邮购部 电话：(021)52069798